가면의 거울

가면의 거울

구회남 수필 시 & 사진

문학나무

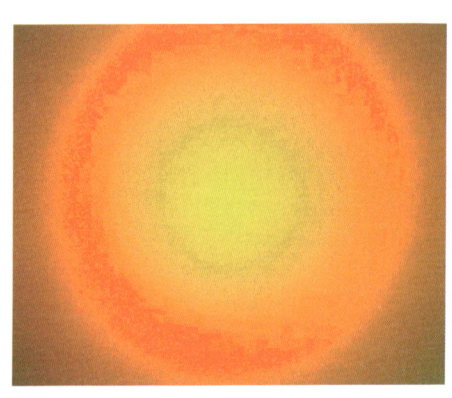

| 작가의 말 |

예정된 일

보르헤스의 우주 사원에 들여 놓은 발이 빠지지 않는다.

도망쳐 봤지만 10년이 넘도록 제자리다. 날개 하나 부러진 나를 끌어다가 밤색 의자에 앉혀 놓은 보이지 않는 손을 원망하지는 않는다. 태어나기 전부터 예정된 일일까? '골목' 밖에 모르는 나를 아는 이들은 모두 떠나갔다. "너만 없으면 편하다."는 이들에게 정중하게 아듀Adieu. 거울에게 "너 한 번 잘 만났으니 끝까지 가자."며 영화 매트릭스matrix 속의 빨간 알약을 삼킨다.

타자 문학의 자양분이 되어 주었던 전 국어선생님, 영어선생님과 문학나무와 리토피아 주간님과 가족에게 감사드립니다.

2015년 1월 5일
강화에서 깨알나무 구회남

| **차례** |

005 작가의 말 | 예정된 일

1부
여행,
문학의 눈으로

014 이스탄불
026 우리는 누구나 그리스인이다
034 눈물의 날
040 반 고흐에서 피카소까지
047 중경삼림을 읽으며
059 뭉클한 표현 뭉크
061 풍경화
067 아주 긴 하루
074 레퀴엠, 2014
079 카르페 디엠

2부
수필가 시인 구회남

086 구회남의 내 안의 나
— 2006년 『문학나무』 수필신인상 심사평 | 심사위원 _ 최원현 권남희

090 늦깎이 시인 자유를 꿈꾸다
— 대담기 | 김미영 _ 자유기고가

101 도서관 속 미로, 진리를 담은 책의 행방
— 『하루종일 혀끝에』 해설 | 이수정 _ 시인, GIST대학 조교수

116 사랑의 기쁨과 즐거움
— 『하루종일 혀끝에』 시집을 읽고 | 홍영일 _ 전 영광고등학교장

3부
진실의 거울

130 나의 서시

132 모월 모일

135 헤맨 날

137 보헤미안 랩소디

140 질투

141 알까요

144 누구세요

149 옵빠가 – 1974년

152 쓸쓸한 – 1975년 6월 23일

154 남아 – 1976년 6월 18일

156 남에게 – 1982년 8월 18일

158 이해해주렴 – 1987년 8월 18일

161 꼭 보셔요 – 1989년 5월 8일

163 가슴 가득히 – 1991년 5월 5일

165 사랑하는 내 사랑 – 1993년 4월 22일

167 빕니다 – 2000년 3월 13일

170 다행이오 – 2000년 3월 18일

173 얘기했어 – 2000년 4월 11일

176 허전함 – 2000년 4월 13일

178 그린빌에서 온 편지

180 미꾸라지 용되다

182 군에 간 아들에게

185 박건호

189 용서

190 대국의 女神께

192 어둠의 입

194 6월 6일 6시

196 아이나비INAVI

198 부평 그 골목의 끝

200 항아리

202 크리스마스 이브에

203 정물화

205 나뭇가지 위에서

207 고양이

211 촛대바위에서

213 붉은 가슴 울새

215 패닉
216 LTE day
218 연미정에서
220 새 책에게
223 원룸에서
224 에릭 오* 맘(윤혜선 님)께

4부
가족
영원한
품

228 가족
236 강화 소녀의 사연
2'41 정족산 일기
243 상 딸
246 기침꽃

253 겨울에 태어난 녀석

257 괴로운 날

260 불경기입니다

265 아버지

271 아버지의 생애 마지막 프로젝트

277 열여섯 번째 이사

280 빈집에서

283 타자만의 방에서

291 혀끝에 매달린 송파

294 검은 책

299 예술은 기차다

304 친구거나 연인

309 나는 카프카였네

318 발문 | 황충상 _ 소설가, 동리문학원장
      문학꽃을 가슴에 단 여자

1부
여행,
문학의 눈으로

이스탄불

 이스탄불로 출발하며 마로우의 『영웅과 리앤더』에 나오는 "첫 눈에 사랑한 것을 어찌 사랑하지 않을 수 있냐?"는 문장을 누군가의 핸드폰에 콕콕 찍어 넣고 비행기에 오른다.

 인천공항에서 출발해 열 시간 후에 이스탄불에 도착한다.
 밤중이다. 적막에 묻혀 있는 낯선 땅, 낯선 호텔에 들어 6시간의 시차적응을 위해서 또 잔다.

 이국에서의 첫 아침 이스탄불의 상징이 눈에 들어온다.
 이슬람사원의 뾰족탑이 이스탄불 시내의 스카이라인을 찌른다.

 탑이 하나 있는 동네는 동네사람들이 힘을 합쳐 세운 것이고, 둘이 있는 것은 독지가가 하나 기부한 것이란다.

이른 아침을 먹고 에게해 크루즈에 오른다.

에메랄드 빛 바닷물이 내게는 흑빛으로 다가온다. 내 속이 검은 걸까?

흑해가 가까운 곳인 탓일까, 빛이 먼 곳에 있기 때문일까?

배가 지나가는 후미는 물길이 푸르고 우유를 풀어 놓은 듯 하늘색의 파도로 출렁인다. 파도 속에서는 미의 여신 아프로디테가 나신으로 나타나지 않을까, 나는 물에서 눈을 떼지 못한다. 아니면 포세이돈이 우리의 여행을 질투해 갑자기 폭풍우를 일으키지 않을까, 긴장을 늦추지 않고 뱃전을 꽉 잡고 바람에 실려 간다.

순간 놀란다.

아시아에서 유럽으로 건너 온 것이다.

<u>보스포로스</u> 대교 밑을 지나 온 것이다.

대교 위에서도 차량은 아시아대륙과 유럽을 쉴 사이 없이 의식 없이 오고 간다. 이렇듯 큰일도 쉬운데, 나는 왜 너에게로 가는 길이 가시밭길이고, 돌짝길이고, 복잡한 풀 수 없는 얽힘의 다리는 무겁고, 몸은 가라앉는지?

너는 누구냐?

알 수 없는 미궁이다.

흔들림이다.

떨림이다.

우리가 같은 곳을 응시하며 가는 길이 조금은 쉬울 수 없는지?

여전히 평행선만 같아서 반 개의 라면에 소주 한 잔이 에게해 크루즈 안에서 간절하다만 153cm의 간격이 좋을 듯하다.

이번 여행에서 내가 제일 만나고 싶은 곳은 성 소피아 사원이다.

(아 야 소피아, 히기야 소피아) 성현의 성당이라고 한다.

가운데 돔이 웅장하여 세계적인 비잔틴 건축물로 1000년이 지나도록 그에 버금가는 건물이 지어지지 않았다고 한다. 당시 대지의 여신을 모신 사원은 세계 7대 불가사의였단다. 그 건물의 부속을 하나씩 빼내다가 짓기 시작했다는 사원은 기독교가 성행할 때 통째로 부속을 갖고 와서 지어졌다고 전해진다. 지금은 이슬람 술탄의 자산으로 터키의 아버지격인 아타튀르크가 국립박물관으로 전환하라

쳇바퀴 돌 듯

반복되는

삶 속에서

우리는 돌고 돌아와

제자리에

앉아 있는 것은 아닐까

고 했다. 현재 높이는 56m, 북에서 남쪽에 이르는 거리는 각각 32m다. 밤에 보는 건물에서 새어 나오는 불빛은 어둠 속 신비다.

당시 안에는 '땀 흘리는 기둥'이 있었는데 유스티아누스 황제가 두통인 머리를 대니 다 나았다고 전해진다.

귀퉁이를 돌아서려는데 발길을 잡아 끄는 흰 드레스를 입은 남자가 메블라 춤을 춘다. 계속해서 빙빙 돈다. 나도 돈다. 지구도 돈다. 점점 빠르게 온 몸이 돌아가고 발끝까지 덮은 치마가 돌다 풀리고 주름이 접히고 풀린다.

나는 지금 어디쯤을 돌아가고 있는 것일까?

쳇바퀴 돌 듯 반복되는 삶 속에서 우리는 돌고 돌아와 제자리에 앉아 있는 것은 아닐까, 조금은 자라난 것 같은데 돌아보면 여전히 나인 채 낯설게 타인처럼 우두커니 웅크리고 있거나 나목으로 묵언의 계절 앞에 서 있는 것은 아닌지?

바로 옆 바자르(카발르 차르쉬)에 들어간다.

바자르는 4000여 개의 상점이 모여서 터키를 찾은 여행객의 선물 사는 맛을 만끽하게 해 준다. 늘씬한 터키 남자가 '천천히'라며 지나가는 발길을 잡아 끈다. 딱히 맘에 드는 물건도 없고 흥정하고 살만한 시간도 충분하지 않아 돌고 돌다 집합장소로 간다. 일행들은 스카프를 많이 산다.

사원 앞에는 웅장한 블루 모스크가 있다.
푸른색 문양이 많은 이슬람 사원으로 신발을 벗고 들어가라고 한다.
신발을 들고 들어가는데 제재를 당한다. 성스러운 곳에 신발을 봉투에 넣지 않고 들고 들어왔다는 것이다. 큰 실수를 한 것 같다.
마침 기도회가 끝나는 날이라 안과 밖은 인파로 물결치고 가을 소풍을 나온 듯 복잡하고 웅성거리는 인파를 뚫고 앞으로 나아간다. 여기저기서 삼삼오오 모여 도시락을 먹거나 간식을 사서 먹으며 화기애애한 분위기에 휩쓸린다.

한 밤 성소피아와 블루 모스크를 비추거나 건물에서 새어 나오는 불빛은 은은하고 고풍스러우며 한 폭의 그림 같다. 지나가는 여자들은 날씬하고 머리에는 스카프를 썼고, 남자들은 수염이 검고 건장하며 눈은 부리부리하다. 그 남성들의 할아버지들이 20세 전후 한국전에서 700여 명이 전사했다는 한국공원에서 본 명단이 머릿속을 스쳐 지나가는데 나는 아무라도 붙잡고 "고맙다"고 말하고 싶은 붉은 술탄의 밤이다.

에메랄드 빛 바닷물이

내게는

흑빛으로

다가온다.

내 속이

검은 걸까?

나는 너의 무엇이 궁금한가?

너는 나의 무엇이 궁금하냐?

술탄 마흐메드 1세 회교 사원은 탑이 여섯 개나 된다.

창은 260개이고, 지하에는 13세기의 유적이 전시되어 있다.

신도들은 하루 다섯 번씩 기도를 한다는데 나는 나의 신께 하루 한 번도 올곧게 기도를 하는가? 자문한다. 남편은 "나의 기도를 하나도 빠짐없이 신이 다 들어 주셨다"고 고백했는데 간절하게 기도하는 일은 자신의 마음에 안정을 주고 담대하게도 하며 두려움도 극복시켜 주고 용기도 준다.

특히 새벽 박명의 시간에 정성스럽게 기도하는 일은 자신과 독대하고 신과도 조용히 만나 지난 일을 돌아보고 앞으로의 일을 신과 상의한다.

나 혼자 살아갈 수 없는 삶, 그와 동행하는 길이 멋지다.

.

돕카피 궁전도 가까운 곳에 있다.

에게해 크루즈 해안을 돌 때 모두 한 눈에 들어오는 건물들이니 이스탄불의 세계적인 자랑거리가 아닐 수 없다.

궁전 입구에서는 카메라 디카 필 카를 모두 맡기라고 한다. 목에 걸려 있던 비디오카메라와 사진기를 모두 풀어 맡기니 홀가분하다.

사실 여행을 잘 하려면 눈에 담아야 한다. 사진 찍는 데

골몰하지 말고 가이드 말에 귀 기울여야 한다. 그러나 나는 객관적인 회상을 위해서 찰칵찰칵 찍는 일에 열중한다. 수많은 이미지가 나의 삶의 원동력과 열정을 더해주기 때문이다. 이번 여행에서 얻은 일만여 장의 사진은 나의 보물이다.

궁전 안에는 진품이 많다.

돈으로 환산해서 판다면 터키 국민이 10년간 아무 일을 안 해도 먹고 살 수 있다니 어마어마한 값이다. 우리나라에는 귀한 것의 값이 얼마나 나갈까, 값으로 환산 할 수 없는 것들은 또 얼마나 될까 궁금해진다. 내 수중에는 얼마나 값진 것들이 있는가? 역시 값으로 환산할 수 없는 눈에 보이지 않는 것들은 어떻게 계산할까? 쓰는 일은 그런 일이 아닐까, 라고 스스로에게 반문하다.

오스만 제국의 중추가 되는 궁전은 세 개의 해안이 협류하는 지점에 불규칙적으로 늘어서 있다. 메머드1세 때 기본 설계를 하고 고고학 오리엔트 박물관이 있고, 비룬 엔데군 하렘 세 부분으로 나뉘져 있다.

입구를 들어서는데 수도가 눈에 들어온다. '회의를 할 때 수돗물을 틀어 놓아서 회의 내용이 밖으로 흘러나가는 것을 방지'하는 말하자면 도청방지 장치가 수돗물이다. 옛

날이나 요즘이나 도청파문은 일파만파로 번지는 일이니 엿듣기, 엿보기, 몰카 등 요즘 충분히 발달한 도청장치들은 그런 이유들로 발전된 것이리라.

나는 너의 무엇이 궁금한가?
너는 나의 무엇이 궁금하냐?
인터넷에서는 각자의 블로그를 만들어 개방해 놓았거나, 비밀 글쓰기 방이 따로 있거나 로그인을 해야만 덧 글을 쓸 수 있거나 아예 가입한 사람만 들어오게 하거나 한다.

"꽃 잎 뒤에 숨어서 나를 훔쳐보고 싶은 당신은 누구십니까?"
"꽃 잎 뒤에 숨어서 당신을 훔쳐보고 싶은 나는 누구입니까?"
할 말 없음 일 때 끝장이 나는 우리들의 관계.
우리는 비밀이 있어야 하는 존재임을 이스탄불서 절절하게 느낍니다.
당신의 비밀이 궁금하여 너무 가깝게 갔던 일을 용서 하십시오.
우리 모두 오늘 밤엔 수돗물을 틀어 놓고 엉엉 맘껏 울어 봅시다.

아무도 엿듣지 못할 것 같지 않나요.
호텔에서 엽서를 사서 쓴다.
"첫 눈에 사랑한 것을 어찌 사랑하지 않을 수 있나."
엽서는 나보다 아흐레 늦게 도착했다.

— 2006년 3월 『오래된 정원으로 가는 길』

우리는 누구나 그리스인이다

또 한 번의 르네상스를 꿈꾸는 신화의 땅 발칸반도 그리스.

셀리는 "우리는 모두 그리스인이다"했으며, 마이레스는 "그들은 모두 형성과정에 있다"고 말한 것 같이 나도 우리 모두도 하나의 목적을 위해 무엇인가 만들어 가고 있다.

그리스에 가기 전에 읽어야 할 책 니코스 카잔차키스의 『그리스인 조르바』, 8세기 시인 헤시오도스의 시 『노동과 나날』 그 외에도 이윤기의 『그리스 신화』와 그리스 3대 비극에서 얻어야 할 카타르시스, 그 외에도 『페트라』 영화도 봐야 하고, 또 다른 많은 책을 찾아 도서관의 800번 코너와 100번 철학 코스를 서성인다. 일리아드, 오디세이, 트로이 전쟁, 소크라테스…….

소크라테스(건강한 자)의 무덤에 갔다.
어깨가 넓고 건강하여 옷과 신발이 필요하지 않았단다.

입구는 쇠문으로 막혀 있다.

"너 자신을 알라"는 소크라테스가 한 말이 아니란다.

먼 길을 걸으며 가던 중 아폴로 신전 앞을 지나다가 씌어 있던 글을 본 것이다. "넘치지 말라, 너 자신을 알라" 그 후 만나는 사람에게 물은 "너 자신을 아니?"가 와전 됐단다. 나는 나를 얼마만큼 아는가? 원래 그 말은 인도의 성인 야즈나발이 100년 전에 한 말이란다.

"성격이 불같다"는 소크라테스의 처 크산티페에게는 세 아들이 있었고 몇 년씩 집을 비웠던 남편이 돌아오자 "물을 끼얹었다"하여 악처라는 소문이 났단다. 나도 남편이 그리했다면 아마도 불을 던지고 싶었을지도 모른다.

거리에서는 인기가 있어서 영웅이 되고 선동죄로 사형선고를 받는데 아는 이들이 탈옥시키려 하자 그때 "악법도 법이다"하고 독주를 천천히 마신다. 천천히 마실수록 고통이 심하다는데 그는 "몇 시간 남지 않은 내 생을 내 맘대로 하자"고 하며 죽는 순간도 철학자답다. 무신론자로 알려진 그는 "육체는 죽어도 혼은 다시 다음생을 증거하라" 한다.

언덕 위에 있는 파르테논 신전에 오른다.

2020년까지 보수공사에 들어갔는데 100년 동안 깎이고 쓸리며 만들어졌다는 대리석으로 되어 있다. 계단에서는

신전은 이제 경건함을 버리고

소풍나온 초등학생들의 그림 그리는 풍경이 되기도 하고

젊은이들은 결혼식을 올리는 장소다

ⓒ 송양자

이사도라 던컨이 폴짝 뛰며 바람처럼 지나가는 환상에 젖으며 비디오카메라를 켜고 가이드의 음성을 넣는데 바람소리만 요란스럽게 삼켜진다. 세계 각처에서 온 가이드들의 음성이 섞여서 여기는 혹시 바벨탑 아닌가 하는 착각을 일으킬 정도로 나는 혼란스러운 말을 알아들을 수가 없다.

고대 그리스의 영광이기도 한 신전의 별명은 "처녀의 침실"이다.

고대 세계의 최대 불가사의 건축공법을 확인하기 위해 도리아식 8개의 큰 기둥을 올려다본다. 각 면의 17개의 기둥이 착시현상을 일으킨다. 밑둥을 굵고 위로 올라갈수록 가는 것 같고 기둥은 거센 바닷바람에 흔들려서 무너질 것 같다가도 제자리를 찾는다. 나의 몸도 바람에 휘청하다가 멈춰 선다.

나의 마음이 흔들릴 때도 잠시 멈춰 서야 한다는 진리를 터득한다.

신전 앞에 서서 멀리 보이는 바다의 푸른 물과 잘 어울리는 흰색의 건물들이 조화를 이루는 시내를 내려다본다. 건물과 건물 사이에 보이는 자그마한 나무들은 모두 올리브 나무이다. 때론 안개처럼 보이기도 한다. 포세이돈과 아테나의 경쟁에서 아테나의 승리는 올리브 나무로 인한 승리이고 그리스의 수도는 아테네로 명명된다. 신전은 이제 경건함을 버리고 소풍나온 초등학생들의 그림 그리는 풍경이 되기도 하고 젊은이들은 결혼식을 올리는 장소다. 여행자는 곤한 다리를 펴고 바위에 걸터앉아 낮잠을 청하기도 한다.

올리브 나무와 더불어 생각나는 것은 월계관이다.
4년마다 한 번씩 열리는 올림픽의 성화를 채취하는 펠레폰네소스를 생각나게 한다. 올림픽의 꽃이라 할 수 있는 마라톤의 승리자 파아디피디스가 스쳐 지나간다. 2004년 28회 올림픽이 치러진 곳이고 세계는 하나이고 돌고 도는 세상 같다. 5만 명을 수용할 수 있는 경기장에 서서 파아디피디스가 뛰어오는 환상에 젖어 내 손 안에 들고 있던 생수를 던져주고 월계관을 씌워주는 상상을 한다. 우리는 달린다. 숨이 차고, 다리가 붓도록 헐떡거린다. 언제 우리의 달리기는 끝이 나는가? 꿈속에서조차 달리기를 해 보지만 내 맘대로 달려지지 않아 안타까운 경험은 수도 없다.

유럽 연극의 탄생지인 디오니소스 극장과 히로데스 아티구스 음악당을 본다.
정명훈과 조수미가 그 무대에 섰을 때 가이드는 황금 같던 순간을 놓쳤다고 안타까움을 전한다. 기원전 6세기에

통나무로 지어졌을 때는 삼나무로 만든 지붕도 있었다 하고 무대 뒤 주랑에는 9명의 뮤즈 여신상이 있었다는데 나에게 한 명의 뮤즈라도 나타나 영감을 달라고 속으로 빌어 본다. 그러나 나의 영감은 집에서 나만 기다릴 것이다. 술로 배를 채우며.

3000여 개의 섬 중에 히오스 섬에 간다. 그리스는 세계에서 선박을 제일 많이 보유한 나라인데 배에는 LG마크가 선명하다. 이국에서 한국의 낯익은 회사 이름을 대하는 것이 무척 반갑다. 젊은이들은 배의 아무데서나 카펫 위에서 자고 우리는 침대칸에서 9시간 30분을 자며 히오스 섬에 도착한다. 서사시인 호머가 긴 방랑을 끝내고 쉬러 와서 잠든 곳이다.

델포이(세계의 배꼽).
제우스신이 세계의 중심을 알아보고자 까마귀에게 동 서로 돌을 물려 "중심에 떨어뜨려라"해서 찾아낸 곳이다.
제우스는 바람기가 잦고 헤라는 질투가 심해서 이오를 암소로 변하게 한다.
눈이 100개 달린 아르곤은 이오를 지키고 제우스는 헤르메스를 시켜서 99개의 눈을 잠들게 하고 아르곤을 죽인다. 그때 이오는 지금도 물살이 거친 보르포루스(소가 지나간 다리) 해를 헤엄쳐 도망치는데 이집트까지 헤엄을 쳤다니 지금 태어났더라면 이오는 날리는 수영선수였겠다 싶다.

"건강한 신체에 건강한 정신이 깃든다"는 문장을 그리스에서 더욱 실감한다. 1812년 영국의 낭만파 시인 바이런은 그리스에 다녀와서 "내가 시인이 될 수 있었던 것은 그리스 분위기 덕분이다"라고 했다.

나 또한 그리스를 다녀 온 후 시인이 되었다. 아마도 그리스 덕분은 아닐지?

그리스를 여행한 사람이라면 모두 그리스인이 아닐까?

구겨진 보자기 같은 땅!

그리스 국민 작곡가 미키스 테오도라키스의 『마침내 오고야 말 그들』을 들으며 나는 2005년도 가을에 다녀온 그리스의 추억에 잠긴다.

미지의 땅, 파고들수록 미궁으로 빠지는 것 같은 그리스다. ✈

— 『송파문학』 2007년 12호

눈물의 날

더위를 식혀주는 장마 비가 내린다.

비를 피해 찾아든 곳이 세종문화회관 지하였다.

250년만에 서울 나들이를 왔다는 볼프강 아마데우스 모차르트를 만나기 위해서였다.

내가 태어나기 200년 전에 그가 태어난 곳은 오스트리아 잘츠부르크이다. 고향에만 있던 그가 서울 나들이를 하는 것은 이번이 처음이라 오스트리아 대사의 축하 메시지까지 함께 듣게 되었다.

모차르트잘츠부르크박물관에서는 우리를 위해 모든 것을 가지고 왔고, 하나부터 열까지, 아니 사후까지를 세세하게 전해주는 친절을 베풀어주었다.

세 살 때부터 연주를 배우기 시작하였고 다섯 살 때 작곡을 하였다는, 천재 음악가의 전시장은 방을 옮겨갈 때마다 호기심을 발동하게 하였다.

파티장에서는 박수 소리가 들려왔다.

나도 그처럼 1월의 끝자락에 태어났다. 같은 1월생으로 태어난 우리를 위해 마음속 박수를 힘차게 쳤다.

모차르트가 사용한 피아노 옆에서 오스트리아 대사관 일행들은 사진을 찍었다. 나도 때를 놓칠세라 한 컷 두 컷 두근거리는 가슴을 짓누르며 촬영하였다.

전시관에서의 촬영은 금지되어 있는 것이 보통인데 오늘은 내 생일선물을 주려는 것인가 싶었다. 모차르트에 관한 책이 천정까지 쌓여 있었다. 저 중에 단 한 권이라도 나는 읽었을까?

첫 방에 있는 스탬프를 나는 놓치고 말았다. 두 번째 방부터 스탬프를 찍으면서 모차르트의 어린 시절과 만난다. 어려서 학교를 가지 못한 모차르트는 아버지가 산수, 글쓰기, 읽기를 가르쳤다고 한다.

내가 태어난 시골에도 유치원은 없었다. 나는 주일학교에서 노래를 배우고 춤을 익히고 자연에서 바람과 별들이 들려주는 말을 알아들을 수 있어야 했다. 모차르트는 어린 시절 단 하나 뿐인 침실에서 온 가족이 잠을 잤다고 한다.

나도 동생과 같이 자면서 발이 닿기만 하여도 동생의 발을 찼던 생각이 난다. 어머니 아버지 곁에는 늘 어린 동생들이 붙어 있어서 내 차지가 될 수 없었다. 나는 할머니 방에서 할아버지 옆에 끼어 잤는데 할아버지가 왜 하교 길이

무도회장의

아가씨로

되돌아간

느낌이었다

면 부지깽이를 들고 측백나무 뒤에 숨어서 날 기다리다 쫓았는지 지금은 알 것 같다. 할아버지가 내세운 이유는 내가 너무 늦게 하교하기 때문이라고 했지만 젊은 할머니와 할아버지 사이에서 내가 철모르고 끼어 잤기 때문이다.

욕실도 없던 모차르트는 나보다 더 가난했을까.

나의 아버지는 동네에서 처음으로 슬래브 집을 새로 짓고 욕실을 만들었다. 나는 목욕탕 안에서 '낙양 성 십 리 허에⋯⋯.' 하는 노래를 불러댔다. 노래는 메아리가 되고 쿵쿵 울려서 아버지 가슴에 못질을 했을 것이다.

지난주에 가 본 그 욕실에는 어린 시절 내가 갈퀴로 긁어다 쌓아 놓은 그 낙엽이 아직도 가득 쌓여 있었다. 가랑잎을 태워 장작에 불을 붙이고 햇감자를 구워 먹으면서 가신 아버지가 저축해 놓은 추억과 더불어 옛날 감자의 순수한 맛을 음미할 수 있었다.

잘츠부르크 게트라이데 거리에 있는 3층집 모차르트의 어릴 때의 집 안에는 화장실이 없었다. 추위로 밖에 있는 화장실에 갈 수 없는 밤 모차르트는 요강을 썼다고 한다. 내 어린 시절에도 요강은 필수품이었다. 요즘은 스테인리스가 많지만 그 때는 사기요강이어서 무거웠는데, 어른이 되어서는 아이를 낳고 좌욕을 하고 쑥을 삶아 훈기를 쐬는 등 꽤 괜찮은 물건으로 쓰이게 되었다.

어린 모차르트는 이 때문에 가려워하였다.

나의 어린 시절에도 이는 극성을 부렸다. 머리에 서캐가 하얗게 슬었고 빨간 내복을 뒤집으면 솔기에 이들이 모여 있었다. 밤이면 온 식구는 호롱불 밑에 둘러 앉아 두 엄지 손톱 사이에 이를 놓고 톡톡 터뜨렸다. 이 잡는 일은 행사처럼 치러졌지만 등이 가려워 긁으면 등짝에 붉은 줄이 죽죽 그어졌었다. 어린 모차르트는 예민했을 텐데 이로 인해 얼마나 곤혹스러웠을까 이해할 수 있을 것 같다.

나는 다음 방에 가서 18세기의 로코코 풍의 옷을 입고 쥘부채를 펼쳐들었다. 파우더가 칠해진 흰 가발도 써보고 철사가 들어간 풍만한 치마를 입고 모델 앞에서 사진도 찍었다. 무도회장의 아가씨로 되돌아간 느낌이었다. 조끼를 바짝 당겨 끈으로 조이니 위장이 답답했다. 나는 옆 방 제일 큰 홀 의자에 앉아 그의 최고작 감상에 젖다가 자동 작곡기로 미뉴엣을 작곡해 보았다. 흥겨운 사교춤이 금방이라도 흘러 광화문 안팎과 거리는 모두 무도회장이 될 것 같은 착각에 빠졌고 빨리 집에 가서 가사를 붙여야겠다는 꿈을 부풀리며 모퉁이를 돌아섰다.

잘츠부르크 레시피를 보았다.

아몬드 가루에 우유를 넣고 장미수를 넣고 크림을 넣은

뒤 꿀을 좀 넣어 무어인이 갖다 주는 음료를 시원하게 상상 속에 마시면서 더위를 단번에 날려버리고 다음 방에서 바순, 비올라, 호른의 음을 들으며 레드와인 한 모금으로 입술을 축인다. 다시 음표 스탬프 한 장 찍고 가을이거나 겨울로 접어든다.

장총이 보였다. 이곳에서 총에 맞아야 할 녀석이 꼭 있을 것만 같았다. 35세의 모차르트를 누가 죽였는가에 대한 견해는 분분하다. 나는 보랏빛 수정 같은 사탕을 한 알 입 안 가득 물고 뵐츠 총을 장전한다.

천재를 누가 죽였는가? 프록코트가 잘 어울리는 우리의 애인을 누가 죽였느냐? 죽어가는 모차르트에게 나는 속으로 천 번의 입을 맞추었다.

그는 아마데우스를 작곡하고 '눈물의 날' 레퀴엠 여덟 마디째 악보를 그리고 숨을 거두었다. 땅도 울고 하늘도 울고 허공도 어깨를 들썩이며 흐느꼈다.

"나에게 죽음은 더 이상 모차르트를 듣지 못하는 것이다"

아인슈타인도 통곡했다고 한다.

그날 서울의 하늘도 종일 울었다.

― 『문학나무』 2007년

반 고흐에서 피카소까지

'예술은 그대의 종교이며 미술관은 그 사원이다' — 앙드레 말로

크리스마스에 남편과 미술관을 찾은 일은 흔하지 않은 일이다. 헌금은 일률적으로 13,000원이다. 문자로 된 설교집을 원한다면 7,000원 전후로 플러스된다. 설교를 더 생생하게 독단적으로 듣기를 원한다면 녹음기기를 빌리는데 2,000원이 더 든다. 오는 곳에 걷기가 불편하면 주차비와 오른 기름 값을 예상해야 한다. 관람 전후 먹기 위해서는 전당 앞 보쌈집에서 둘이 30,000원이면 족할 것 같다. 이렇게 나열하고 보니 종교행위가 쉽지 않다는 것이 한눈에 들어온다. 그래도 본국에서 공수해 오는 비용 등을 감안한다면 여행 중 가서 봐야 한다면 액수는 늘어날 것이다. 크리스마스 선물인 줄 알고 감사하며 봐야 한다.

인상주의

마네, 모네, 르누아르, 드가……, 인상 한 번 구겼다 펴

며 가능한 밝은 낮으로 입장하려고 한다.

  설교하는 이가 기분 나쁘지 않도록 하는 것도 예의일 것이다. 르누아르가 벌써 알고 말하고 있다. '그림이란 유쾌하고 즐거워야 한다'고 그림뿐이겠는가? 누가 고통 받기 위해 사원에 들어가겠는가? 자신의 고통을 위안 받기 위해서 입장할 것이다. 긴 줄도 마다하지 않고 혹시 마음에 들지 않는 도슨트일 수도 있고 빌린 녹음기가 불량일 수도 있다.

  예술가의 고통의 산물을 우리는 고통을 달래기 위해 본다는 아이러니인지도 모르겠다.

  나 역시 근처에라도 가기 위해서 '당신이 준 절망이 나에게 글을 쓰게 했다'고 남편께 핑계를 대며 입장한다. 저들은 어떤 절망에서 그림을 그렸을까? 대충은 책에 씌어 있지만 어느 시인의 말대로라면 '보는 이, 읽는 이로 하여금 즐거움을 주기 위함'일 것이다. 어쨌든 너무 값비싼 대가를 치르고 종교행위를 하는데 잘만 하면 30배 100배 결실을 거둘 수도 있으니 나름대로 지불해야 할 것을 지불해야 원하는 것을 얻을 수 있는 것인지도 모른다. 세상에 공짜란 없다.

후기 인상주의

　세잔, 반 고흐, 고갱……, 조화에 대한 완성을 추구해 나갔다.

　네덜란드에서 태어난 고흐의 '네가 사랑한 것을 사랑한다'는 말에 공감을 한다. 내가 사랑하는 것을 사랑해주는 너는 누구니? 네가 사랑하는 것을 나도 사랑하는 것은 끔찍함일까? 그것이 한때 우리를 살게 하니까, 어쩔 수 없다. 시인들이 제일 좋아하는 화가 고흐, 고흐처럼 귀에 붕대를 감은 남자의 입장에 남편은 웃음을 참지 못한다. 그도 귀를 잘랐을까? 고흐에 너무 빠져들다 보니 상징으로 읽으라는 힌트를 주는 것일까? 그림보다 관람객을 읽는데 내 남자의 시선은 더 많이 뺏긴다. 공주차림의 관람객도 들러보고 있다. 액자 속의 주인공과 비슷하게 보인다.

　고갱이 고흐를 두고 '멀리서 왔고 멀리 갈 사람'이라는 예견은 적중했다. '회화의 생명력은 색채에 있다'는 고갱은 타이티 섬에 가서 강렬한 색에 빠져든다. 거기서 나는 생동감을 맛본다. 보면서 그림보다 더 낡은 액자에 눈길이 가는 것은 세월을 말하는 것 같다. 눈길에 닳아, 공기의 입맞춤에 나무이거나 청동, 구리로 된 액자가 금이 갔고 낡았지만 색다른 맛을 준다. 중후하게 나도 늙어 갈 수는 없을까? 그래서 사람들은 겉치장에 그렇게 공들이나보다. 화장하는 일에 많은 투자를 하나보다.

로댕에게 와 닿았다. '나는 근육의 움직임을 통해 내부의 감정을 표현하려고 애쓴다' 로댕의 말대로 조각품이 금방이라도 걸어 다니거나 튀어나올 듯하다. 살아 있는 역동성이라니, 꽃 한 송이도 살아 있는 듯한 그림을 나는 제일로 친다. 청동시대의 거시기는 금방이라도 혈관을 타고 붉은 피가 돌 것만 같고 인상을 구기고 선 한 사내의 고뇌는 장관 중에 장관이다.

피카소는 '나는 보는 것을 그리는 것이 아니라 생각하는 것을 그린다'다. 성경에는 '음흉한 생각만 들어도 이미 간음했다' 하고 단정짓고 있다.

생각이라는 것은 얼마나 위대한 것인가? 별로 생각이 깊지 않은 채 행동부터 앞서는 나는 반성한다. 좋은 생각이 만드는 사람과 좋은 머리로 나쁜 생각을 따라가는 사람간의 차이는 하늘과 땅 차이다. 생각이란 정신이고 정신은 온몸을 지배하는 원동력일 것이다. 어떻게 생각하고 살아가느냐에 따라서 창부도 되고 성인군자도 나올 것이다.

생각 하나 잘못 먹으면 그 길로 파탄나는 일이 얼마나 많

인내심 부족으로

한 번도

길게 머리를

길러보지

못한

나

은가? 순간을 선택함에 있어 번쩍이는 반듯한 생각들로만 이어간다면 생은 그럴 듯 할 것이다.

20세기 아방가르드를 지나가고 있다.

천재화가 모딜리아니는 '옷 입을 줄 아는 파리의 유일한 남자'라는데, 도록 전면에 드러난 우수에 젖은 여성이 모딜리아니 작품이다.

아마데오 모딜리아니의 『여인의 초상』 앞에서 남편은 사진에 찍힌다. 모성애를 자극하는 목이 긴 여인의 붉은 입술이 눈에 들어온다. 눈은 검푸르고 깊고 가늘다. 바닷속 같기도 하고 깊이를 알 수 없는 곳으로 빠져드는 느낌이다. 그 속에 빠진 남성은 헤어 나올 수 없을 것 같은데, 내 남자도 그 그림이 제일 맘에 든단다. 가슴 중앙에 달린 호박진주랄까 둥글다는 것은 달을 상징하는 걸까? 남성들은 그 달을 따고 싶어 그림 앞에서조차 오금이 저릴 듯싶다. 인상적인 것은 그 여인의 머리가 짧은 데 있다.

그 역설, 아이러니라니, 그런 여인이라면 당연히 긴머리의 팜므파탈로 치달아야 할 것 같은데 그 상상을 빗나가는 선입관을 깬 수작이다. 인내심 부족으로 한 번도 길게 머리를 길러보지 못한 나로서는 위안을 받는다.

북 유럽의 빛

뭉크, 몬드리안, 무어…… 20세기 전위예술의 중심부다. 내가 제일 먼저 가고 싶은 북유럽이기도 하다.

뭉크의 여인을 본다. 사색적인 사이코드라마 같은 분위기, 모두 1901년 작품이다. 여인의 허리까지 가 닿은 머리카락이 인상적이다. 내어놓은 가슴은 금방이라도 터질 듯이 풍만하다. 곧 폭발할 것만 같은, 이미 너무 많이 터져서 정신착란에 이른 것 같은 인상을 지울 수 없다. 긴 머리의 중앙이 엉켜 있다. 생각은 여기서 엉킨다. 빠져 나올 수 없는 거미줄 같은 세상 담백하지 않으면 혼란함을 가져다주는 것은 우리를 엉키게 만든다. 단순하다는 것이 얼마나 산뜻한 일인지 역설로 표현했다. 뭉크의 정부인지 모를 한 여인, 팜므파탈의 전형이다. 죄짓지 말고 살아야 한다. 초라한 센 강변을 지난다. 모네의 정원사의 거리도 지나 봄꽃의 거리까지 왔다. 이제 열정이 식으면, 가을이 코앞이다. ✯

―『저 바람 속의 노래』

중경삼림을 읽으며

동갑내기 왕가위 감독의 영화 『중경삼림』 속
몽중인을 들으며……
1분의 포옹, 10분의 입맞춤……

5월 1일 하지무의 생일날 나는 홍콩 첵랍콕공항으로 향하는 비행기에 올라탄다.

공항으로 가는 리무진 차창 밖으로 라일락 향이 날리고 이맘때 가신 부모님은 외국행 비행기 한 번 못 타고 가셨지? 라는 생각이 들 때쯤 영화 속 임청하는 총을 꺼내 든다.

나도 그와 동시에 총을 발사하기 위해 자판을 콕콕 톡톡 팬다.

자정이 지나 도착한 공항에서 버스를 타고 바라다보는 창밖 풍경은 이층 버스가 지나가고 자동차의 운전석은 우리와 반대다.

길에 엎어진 차를 본다.

어디 가든 차가 많아질수록 사고는 목격된다.

사건이 있었을 것이다.

실연한 두 경찰인 금성무와 왕조위가 주인공이 듯 실연당한 차가 길 위에 웅크리고 있다.

임청하가 당하고 나서 총을 꺼내 들 듯 언제 비가 올지 해가 들지 몰라 바바리코트를 벗지 못하고, 밤에도 선글라스를 쓴다.

콘돔 속에까지 마약을 숨기었으나 도난당한 분을 풀지 못하고 공항에서 헤매는 그 공항이 내가 내린 공항인지 싶어 두리번거린다.

안부 전화를 잘하는 하지무의 전화가 올 것만 같은데 누군지 모르는 이가 누구세요?

휴대폰에서는 웨이, 웨이 부르는데 나는 대답할 수 없는 한국어만 안다는 것은 게으름이다. 유통기한이 지난 사랑 때문에 쿨하게 유통기한 지난 파인애플 통조림만 먹어대고 토하는 금성무의 어깨가 흔들린다. 아무리 전화를 해도 받지 않는 공중전화 수화기의 몸통이 흔들리는 밤이다.

나는 무엇을 찾아 여기 왔는가?

우리들의 수다는 시간이 모자라기만 하다고 여기까지 왔는데 수다를 떨 시간은 없다.

쿨하게 잃어버린 사랑, 돌아오지 않는 사랑 때문에 조깅을 하고 옷이 흠뻑 젖으면 그것으로 넉넉해 더 이상 나올 눈물이 없을 것 같아 뛰는 큰 체구의 금성무의 삐삐가 대신 울어주지만 한 번 간 것은 오지 않는다.

한 번 보낸 것은 다시 찾기 싫다.

나는 무엇을 잊어야 하는가?

우리들의 여행은 여기서 끝나고 수다도 중단되고 조금 안다 싶을 때다.

왕정문은 캘리포니아 꿈을 틀어 놓고 왕조위 몰래 들어온 남의 집에서 엉덩이를 흔든다.

그때 나는 800m나 되는 미드레일 에스켈러이터를 오른다.

저 쯤 창가에서 경찰제복이 잘 어울리는 경찰넘버 633 왕조위를 기다리는 왕정문이 창밖을 내다볼 것만 같은데 낡은 수건을 보고 낡았다고 눈물을 그만 흘리라고, 마른 비누를 보고 왜 이렇게 핼쑥해졌느냐는 삼각팬티만 입은 왕조위가 창밖 미드레벨 에스켈러이터를 내다보다 그만 나와 시선이 딱 마주칠 것만도 같은데 무심하게 올라만 가는 계단의 끝에서 벽에 부딪친다. 나는 그만 걸어서 계단을 내려온다. 올라가다 보면 어딘가 끝이 있고 거기서 더

거기서 만날 수 없는

장국영은

아쉬움으로 남는다

만우절에 가버린

사내의 무심한 춤이

홍콩섬 물 위에서 흔들린다

애인이 보낸

젖은 편지가

태평양 위에서

물 위를

떠내려가는 것만 같은데

밤은 깊어 간다

이상 갈 수 없는 막힌 벽을 만나 그만 천천히 내려오는 계단을 걷는다.

5월 초부터 홍콩의 날씨는 우기라 찌는 무더위는 30도를 오르내려 조깅을 하지 않았는데도 온몸이 젖어 있다.

스타의 거리로 가서 왕조위의 손도장을 찾아본다.

이소령의 우뚝 선 동상 앞에서 나를 찰나 읽어주는 사진에 찍힌다.

거기서 만날 수 없는 장국영은 아쉬움으로 남는다.

만우절에 가버린 사내의 무심한 춤이 홍콩섬 물 위에서 흔들린다.

애인이 보낸 젖은 편지가 태평양 위에서 물 위를 떠내려가는 것만 같은데 밤은 깊어 간다.

나도 당신들을 보내기 위해 휴대폰 번호를 다시 바꾼다.

몇 번째인지 누군가를 버리기 위해서 휴대폰 번호를 바꾸는 일은 가장 비겁한 방법일까?

오늘 나는 누구에게 버려졌는가?

그리하여 카드도, 통장도 다 두고 텅 빈 맘으로 이국에 와서 새 휴대폰을 만지작거리는가?

이 여행은 아마도 우리들의 이별여행이 될지도 모른다.

수다를 떨다가 지루하면 떠나 계산에 빠져들고 조금만

엉켜도 손해를 각오하고 더 큰 손해를 막으려고 떠나는 나도 하지무마냥 쿨한데 주인공1처럼 신경안정제 같은 파인애플을 좋아하지도 않고 안부전화를 잘하지 못해서 모두에게 죄송한 맘을 이 글에 적는다. 성격 탓인데 구석으로 몰린다.

어쩔 수 없다.

섬처럼 살라는 나의 운명 같다.

히키코모리다.

나는 투쟁,

나는 싸움닭이 될 것이다.

3부자의 대장이니 책임질 일이 많다.

책을 읽기 위해서는 혼자가 제격이다.

읽은 책들이 모두 쓸모없는 것들만 읽었다 해도 내 생애 손해를 줄일 수 있었다면 다행이다. 지난 10년 읽은 책에서도 한 권 건지지 못했다.

내 편으로 만들지 못한 책에 대해서 나는 너무 쉽게 읽었나보다.

집중하지 않았고, 피 흘리도록 치열하지 않았다.

그래도 인연은 어딘가 있다.

나를 기다리는 영혼이 참 맑으면 좋겠다.

나도 충심으로 그의 별이 되겠다.
아버지가 가르쳐 준대로 살려고 한다.
그보다도 더 큰 일을 할 수 있다는 책무감을 두 어깨에 메고 남은 여정을 간다.
더 이상 실연당할 수 없다.
감당하기에는 너무 무거워진 것 같다.
헤쳐 나가기에는 걸음이 너무 느려진 탓도 한다.

안녕, 나는 다시 만난 것인지?
잘 가라는 것인지 헷갈리는 지점에 서 있다.

이쯤에서 내 편을 읽을 수밖에 없다.
너무 먼 곳에서 찾았다.
눈앞 거울이 희미해져 올 때 왕조위는 삼각팬티에 흰 런닝 사이로 비행기를 날리며 항로를 튼다. 나도 가던 길의 향방을 바꿔야 할 것 같다.

홍콩의 안전한 항구로 리펄스베이로 왔다.
배우 최은희가 납치된 곳이기도 하다. 아직도 해적은 낌새만 보고 있다.
살만하다, 쉴만하다 할 때 적은 해적같이 오는지도 모를

안녕,

나는 다시 만난 것인지?

잘 가라는 것인지

헷갈리는 지점에 서 있다

일이다.

도적같이 나도 지난 반생이 부도났지만 계산은 끝에 가서 하자.

여행객과 피서객들은 벌써 바다를 향해 헤엄을 친다.

산 위 부자동네는 맨션 몇 동을 헐어내고 산과 바다가 만나라고 통로를 만들어 놓았다. 동물들의 통로라 해도 무방하다. 배려를 읽는다.

빅토리아 항구가 한눈에 내려다보이는 피크트램을 타러 산 위에 올랐다.

45도 경사를 낡은 기차를 타고 370m을 단번에 곤두박질치듯 내려온다.

아는 친구 남편은 병원을 가지 않다가 입원한 지 3개월 만에 갔다.

단번에 곤두박질 칠 수 있는 가족을 읽는다.

처음과 끝이 같은 친구로 사원의 한 잔의 커피 같았는데 불쌍해서 전화도 못하겠다.

언제 우리의 생이 이렇듯 곤두박질 칠 수도 있다는 것을 대비해야 할 것 같다.

산 위에 올라 미항과 마천루 등을 단번에 보려던 참이었는데 안개소녀가 올라가자마자 안개에 휩싸이는 산과 바다.

안개는 거울만 읽는다.

단번에 잭 팍 한 번 터뜨려 평생의 원수를 갚아주고 싶은데 아무리 가르쳐 줘도 게임에는 능숙하지 못해 아이쇼핑만 한다. 홍콩에서 받지 않아 발을 동동 구르던 달러를 받으니 살 것만 같다. 성바울성당 앞에서 뼈대만 남은 책을 읽는다.

가기 위해서는 수분을 다 말리고 뼈대로만 가던 할머니를 만난 듯하고, 사원 앞에서는 에그 타르트를 사 먹으며 꽃보다 남자의 구준표를 만난 듯하다.

내게도 언제쯤 남은 사랑이 있다면 찾아올까?

내 사랑의 유통기한은 다 끝난 건가?

바람은 불지 않지만 조금은 더 살아봐야 할 것 같다.

여행을 마치며 빛 하나만으로도 돈을 버는 홍콩의 마천루 속에서 삼성이라든가 LG 간판을 찾은 것은 희열이다. 차남에게 전화를 걸어 네 회사 간판이 보인다, 하고 싶은데 그만둔다.

홍콩박물관에 들어섰다. 사진촬영을 허락하니 전 세계인

이 홍콩의 역사를 블로그나 카페에서 선전해 주는구나 싶었는데 우리의 발상의 전환은 언제쯤 될까?

언제 한 번 더 딤섬 맛을 보러 가야 할 것 같다.

쉐라톤워커힐에서 에프터눈 티를 마시며 여독을 식힌다.

캘리포니아 드림이 계속 흐르고…….

꿈속의 그대와 떠날까?

우리는 단 한 번이라도 가까워진 적이 있나?

몽중인이 흐르고……. ✈

―『송파문학』

뭉클한 표현 뭉크

영혼의 시, The Cry는 1356억에 팔렸다.

다섯 살에 어머니를 잃고 시큰둥한 시선이 나무 위에 앉아 달은 둥굴다고 우겼다.

신화를 베끼지 않았던 이유는 십자가 자락에서 위안을 얻을 수 없었다는 고백을 하는 거울이었기 때문이었다.

12월 12일 태어나 바다와 흙을 뚫고 균형이 깨지면 외국어도 여름밤도 싫어 소총을 겨누고 있는 눈은 깊고 검었다.

1927년 타자의 아버지가 탄생했을 때 필 카로 몰카놀이를 하며 5분짜리 구감독인 거울은 뭉클하게 표현했다.

사과, 단 하나뿐인 사과를 고집하다 보면 두 주먹 턱을 괴고 앉은 눈은 푹 들어갔다.

갈가리 찢긴 영혼 두 번째로 태어난 우리들이 너의 목 등에 키스를 하면 뱀파이어로 변해 입센의 잎만 같아 불안해 사과를 먹으면 입 안이 간질간질하다며 바다랑 같이 살고 싶다는 고백을 어제 들었다.

알파가 논둑에 앉아 좀 더 가까이 오라할 때 장릉 가를 달려 버스를 잡아타고 도망쳤던 기억이 광대뼈처럼 툭 튀어나온 팔 뼈다귀 밑동 사이로 뭉크의 눈사태는 쏟아졌다.

 졸라를 졸라보면 도스토예프스키 너머로 자손을 낳으라는 뭉크의 엄명 따라 키스를 하면 눈먼 게임에 빠져 온수매트와 새 컴퓨터를 생일 선물로 받은 타자는 쌍둥이 할망구가 됐다.
 자연을 관통한 절벽 위로 햇살은 눈 못 뜨게 솟아오르는데 숨 쉬며, 느끼며 사랑하고 고통으로 절규하는 트론트하임에서 목탄과 붓이 식으면 불안했던 타자 의문은 의문만 낳고 짓는 일로 왕따인 내일은 어제로 잇대어 지옥의 자화상은 불꽃쇼를 하듯 활활 탔고 재만 남았지만……
 달빛 흥건한 멜랑콜리한 밤 방죽 둑에 앉아 하얗게 밤을 밝히는데 머리를 감싸 안고 쥐어 뜯는 오메가 위로 새벽별은 쏟아졌고 질투하는 발은 화가와 모델 사이에서 따뜻한 오줌을 지릴 때 유령의 꿈속에서 마돈나는 황홀했다. ✈

― 『문학세계』 2015년 1월호

풍경화

　새벽 맹산에서 들려오는 새들의 기지개에 귀를 기울인다. 비디오카메라를 메모리스틱에 맞추어 놓고 창틀에 올려놓는다. 깜깜하던 사각의 화면에 빛이 생기고, 점점 화면이 밝아지며 산자락의 풍경도 들어온다. 나는 그런 새벽을 무척 좋아하고 사랑하며 잠 깨어 있다. 어린 시절 내내 시골에 살면서 의식하지 못한 깨달음이다.

　이십 여년 농촌에 살면서 늘 탈출을 꿈꾸었고, 농사일이 너무 많아 죽을 결심까지도 했었는데 도회에 나와 살며 반백의 나이에 접어드니 자연으로 돌아가고 싶다는 귀소본능이 인다.

　예술의 전당 한가람관에서 '밀레와 바르비종 거장전'을 Y시인과 관람했다. 자연에서 산 내게 시골풍경이 무슨 큰 감흥을 주겠나, 기대도 안 하고 입장했다. 그런데 입구에 들어서자마자 마음의 평안이 밀려든다. 이른 아침부터 아

아버지가

평생 일군 농토,

흙을 사랑한

원초적인 물음에

답을

얻은 것 같다

파오던 머리도 깨끗해지고 숲 속을 오래도록 산책한 듯 산뜻함이 밀려든다. 검고 탁한 풍경도 새벽이나 밤 풍경인가 보다, 라는 긍정으로 바라봐 진다. 전시장 안에서 내 안에 이는 출렁임, 아하! 하는 감동이 풍경과 같이 걷는 기분이다.

 밀레의 그림을 먼저 본다.
 바르비종에 27년간 머물렀다고 한다. 바르비종은 파리에서 60km 떨어진 파리와 같은 행정구역인 세느에마누에 속하는 지역으로 퐁텐블로 숲 북서쪽 끝의 입구다. 퐁텐블로 숲은 옛날에 왕이 사냥하는 장소였다. 그 후 궁전도 짓고 살던 곳인데 후에 풍경, 사실, 인상주의 화가들이 모여들어 그림을 그리게 됐다. 현재 그곳에는 루소와 밀레의 기념비가 세워져 있고 바르비종 화가마을(Village des Peintree) 이라는 간판이 맞이해준다.

 코로는 "나는 일생을 풍경화 그리는 것으로 산다"라는 신념을 말한다. 당시에는 왕족이나 종교, 신화적인 작품만 귀족에게 팔리던 시대였는데도 밀레는 과감하게 시골 풍경만 그린다. 그런 밀레의 신념은 "예술은 결코 한가로운 작업이 아니다" 라고 말하듯 농부의 아들로 태어났고, 돈이 안 되는 농촌 풍경, 농부의 모습을 그리니 늘 가난했다.

  나의 아버지도 농부였다.
  전시장 안에서 평생 농부로 살다간 몇 달 전에 돌아가신 아버지를 만난 듯하다. 아버지와 함께했던 이웃도 있고, 어린 시절의 나도 저만치 떨어뜨려 놓고 내가 본다. 사진으로도 없는 대지에서 뛰어 노는 나, 작은 키에 키보다 더 큰 지게를 지고 그 지게 위에는 내 키보다 두 배도 넘는 가랑잎이 든 망이 짊어진 것 같은 모습들이 그려진다. 세계 어디를 가도 같을 것 같은 농촌의 풍경, 그 무엇인가 소중한 것을 얻은 것 같은 종교적인 엄숙함, 신성함이 절로 두 손을 모으게 하고 머리가 절로 숙여진다.
  아버지가 평생 일군 농토, 흙을 사랑한 원초적인 물음에 답을 얻은 것 같다. 왜 장화발로 새벽잠을 깨우며 나를 일깨우셨는지 알 것만 같다. 그 땐 몰랐다. 그런 아버지가 밉기까지 했다. 그러나 오늘 난 흙의 진실함, 심은 대로 거두는 진리를 밀레가 말하고 있음을 듣고, 본다.

  당시 밀레는 '미를 그리는 것이 아니라 추를 그린다'라는 모독을 당한다. 농부인 아버지가 당한 수모는 없었을까 생각한다.

늘 흙 묻은 옷, 손톱 밑에 낀 까만 흙, 늘 지고 다니는 지게, 늘 몰고 다니시던 경운기, 그 경운기에 다친 다리를 깁스하고 있던 모습들이 스쳐 지나간다. 교회 가실 때 빼고는 늘 깔끔하지 못한 아버지가 난 창피스러웠다. 그러나 오늘의 그림들 속에서 난 위대함을 읽는다. 치기 어렸던 나의 사춘기의 흔적도 짚어 낸다.

난 내 발밑을 본다. 신발바닥 밑의 콘크리트, 시멘트 보도블록, 흙을 밟기가 쉽지 않은 도회지의 삶은 발이 편치 않다. 가능한 구두도 피해보지만 자괴감이 들 때가 있다. 숨을 잘 쉬지 못하는 것 같은 발, 콘크리트 밑의 흙이, 나무가 가엾고 안타깝다.

페이앙의 「추수후의 휴식」이라는 그림을 읽는다.

유화 61.38cm×107cm이다. 넓은 황금빛 들판에서 추수를 하다가 낫을 손에서 내려놓고 짚 베개를 베고 누워 있거나 앉아 있는 농부들이다. 남자의 옆에는 주전자가 뒹군다. 정지용의 「향수」 시어가 떠올려진다. 나의 어린 시절과 똑 같다.

저녁, 밤까지 추수 일이 늦어지다 보면 별들이 잠자지 않고 반짝이며 친구해주었다.

간식으로 나온 건방은 부피를 늘리기 위해 물에 불려 먹었던 일, 순무를 뽑아 낫으로 껍질을 벗겨 먹고, 찐 고구마는 적당하게 말려 쫀득한 맛을 즐겼다. 아버지는 곁에서 숫돌에 낫을 빛나게 가시고 잘 드는 낫은 손이나 다리를 베기도 했다.

소가 있는 그림으로 발자국을 옮긴다.
내가 뒷산으로 황소를 몰고 나간 어린 날 소잔등을 벌이 쏘고 달아났다. 소는 산 밑으로 달리고, 나도 따라 달리고, 산도 따라 달린다. 곡식들도 모두 달리기를 하는 것 같았다. 우리 모두는 어디론가 달려가는 걸까?
그런 나의 어린 날의 풍경이 바르비종 파 그림 속에서 살아서 숨을 쉰다. 생명이 있는 그림에 난 한 방의 펀치를 맞는다. 나도 그런 살아 있는 무엇인가를 남기고 싶다는 욕구에 두 주먹을 불끈 쥔다. 많은 것을 보고, 듣고, 배운 오늘이 소중하다.

아주 긴 하루

산허리는 온통 메밀밭이어서
피기 시작한 꽃이 소금을 뿌린 듯이
흐붓한 달빛에 숨이 막힐 지경이다.

문학 소녀의 꿈이 아니었더라도 초가을이 되면 봉평 메밀꽃 보러 가자는 만년 소녀들을 쉽지 않게 만난다.

지난 일요일 아침 『태극기 휘날리며』를 보고 나오며 "일요일 아침부터 울려서 미안해"라고 그에게 말을 했다. "아냐 너무 좋은데"라고 하는 그의 눈에는 아직도 물기가 흥건하다. 손수건을 눈가로 가져가며 "누이를 만나러 가야 하는데……"라고 울먹인다. "동생들한테도 잘해 주어야 하는데" 하면서 엉엉……

그의 누이는 회갑을 앞두고 당뇨와 합병증으로 오랜 세월 정상인으로 살아내지 못하고 있다.

어려서 6.25를 만났고 그의 아버지는 그를 남의 집에 맡겼다.

아, 36세의 이효석, 그리고 봉평, 메밀꽃…….

그래서 그는 학교도 갈 수 없었고, 전쟁 통에 간 엄마는 어디에 묻혔는지도 모른 채…….

1980년대 초 이산가족 상봉에서 아버지를 만났다.

그러나 아버지에겐 다른 엄마가 있었고 새로 동생도 넷이나 됐다.

아버지는 이미 전쟁의 상흔에 술과 담배로 변변한 직장도 잡지 못한 채 직업이던 경찰도 안 하고 있었다. 고만 고만한 자녀들은 북으로 간 장동건이 맡은 역의 주인공과 같이 제 정신으로 살 수 없는 비극의 주인공인 것만 같았다.

그렇게 이산가족의 만남은 더 큰 슬픔으로 다가와 서로를 멀리하게 했고, 질긴 상흔에 더 큰 소금기둥을 하나 둘 더해 갔다.

지난해 돌아가신 참전용사라는 거창한 타이틀을 얻은 그의 아버지가 받은 보상의 전부는 두어 번 받은 십여 만원이 전부였다.

질기게 거미줄을 걷어내듯 살아낸 생에 더 이상 견딜 힘마저 잃고 넋을 놓고 있다 찾아든 곳이 평창 뇌운 계곡.

얼마나 전쟁에 몸서리 쳐졌으면 전쟁이 나도 모를만한 첩첩산중 비포장도로를 지나 산허리에 터를 잡았는지.

마을 앞 계곡에서는 여름마다 아는 이만 찾아와 오붓하게 즐기고 간 래프팅하는 청년들의 함성이 짐승의 울음소리처럼 살아 산을 지켜 내고 있는 듯했다.

　문학인이라면 행동의 끝가지 가봐야 하는 것인지도 모른다, 어쩜 그 끝이 파국일지라도……. 실천이 중요하다고 생각했다.

　그래서 그곳엘 가서 종일 말이 없는 대답이 없는 산만 바라보고 앉아 있는 그와 나는 봉평으로 달려갔다.

　금당 계곡을 따라 가는 길도 비포장도로이다.

　곳곳마다 펜션에 콘도가 경치 좋은 곳에 들어서 있었다.

　아, 36세의 이효석, 그리고 봉평, 메밀꽃…….

　물레방앗간에 닿자마자 그는 허생원 이와 성서방 처녀며 소설을 얘기 하고 있다. 모르는 것이 없다.

　그리고 그는 그곳 차 안에 앉아 더 이상 움직이지를 않는다.

　문학하는 이나 언덕 위의 2002년에 지은 가산의 문학관에 갔다 오라고 한다.

　나는 배낭을 짊어지고 혼자 가산이 어린 시절 뛰놀고 시를 읊으며 뒷산에 올라 소에게 꼴을 뜯게 하지 않았을까 하는 상상의 나래를 펴며 젊은 효석과 낭만에 젖어 언덕을 올랐다.

　문학관을 배경하고 서니 온통 흐드러진 메밀꽃이 봄인데도 피어서 살랑거리며 내 귓불을 간질이는 것만 같다.

　메밀부침에 동동주 한 잔이 몹시도 그리운데 이미 심사

가 난 그와는 다 틀린 노릇이다.

　문학관에 들어서니 새 건물이라 가산의 젊음만큼이나 풋풋한 맛이 절로 난다. 이태준, 정지용, 김기림 등의 구인회를 비롯한 기사 목록, 메밀로 만든 음식, 메밀이 자라나는 세계의 여러 나라 표식, 메밀이 나는 곳마다의 다른 모양들의 메밀이 갖추어져 있다.

　특히 내가 제일 좋아하는 메밀 베개도 빠지지 않고 한 자리 차지하고 있었다. 나는 청년 이효석과 같이 옆에 나란히 메밀 베개 베고 누워 있는 환상 속에 잠시 소리 없는 미소를 짓는다. 당시의 명철한 효석 학생, 깔끔한 외모, 음악에도 깊은 조예, 아름다운 세상을 꿈 꾼 이상.

　서울에서의 고교생활과 결혼까지의 생활상을 봤다.

　그리고 1932년에는 함경도 경성에서 영어 교사를 하며 주을 온천과 서구풍의 카페에 다니며 이국 정취에 취했던 모습은 오늘의 나를, 문학인들을 보는 것만 같았다. 그 당시 1933년에 쓴 것이 『메밀꽃 필 무렵』이다(1936년 발표).

　그러나 오래 가지 않은 행복, 1936년 숭실전문학교 교수로 취임해 평양에 정착해 행복한 나날을 보내다 1940년 차남도 잃고 아내도 잃고…….

　얼마 지나지 않아 그도 그들의 뒤를 따라 갔다. 36세에.

　나도 넋을 잃었다.

그때 내가 넋 나간 것을 직감이라도 했는지 물레방앗간 앞에 있던 그가 올라왔다.

기념사진이나 한 방 찍어주쇼 하니 투덜덜덜…….

얼떨결에 한 방 찍히고 생가로 차머리를 돌렸다.

차에서 내리려는데 내 배낭이 보이지 않고…….

36세에 간 가산한테 얼마나 넋을 빼앗긴 것인지, 그의 호통에 혼을 잃은 것인지 가방을 문학관 앞에 두고 온 것이었다.

매스컴에서는 대통령 탄핵이 가결된 날이라고 종일 특보를 내어 보낸다. 낮이어서 다행이다. 25년 전 박대통령 서거를 했다는 특보를 한밤 중에 접할 때는 큰 아이가 뱃속에 있어 무거운 배를 안고 어디로 피난을 가야 하나 걱정이 이만 저만 아니었는데…….

오대산 월정사로 향하던 발길은 집으로 가야 했다.

회사에 전화를 걸어 대통령이 탄핵됐다는데 왜 날 부르지 않는 거야?

그는 늘 fun fun, 뻔뻔하다.

깜깜함이 앞을 턱 가로 막는다.

달도 보이지 않고 저만치 먼 하늘에 자그마한 별 하나 초라하게 걸려 잘가라고 인사한다.

난 속도를 내야 했다.

마음이 급해졌다.

나라는 어디로 가라는 것인가?

조금은 인내했어야 했고

사색이 더욱 절실했는데

더 깊이 생각하라 한다.

함부로 세금 안 낸다고 말막 하지 말라 한다.

글 아무렇게나 쓰지 말라 한다.

지금 100km로 가야 하는데 120km로 성질대로 달리지 말라 한다.

그의 화 덕분에 동동주 한 잔 걸치지 않고 운전하는 것을 감사하라 한다. 산허리를 달음질하는데 잠시 보이지 않는 짐승같이 울부짖는 까만 달이 손 흔들어 잘 가라 한다.

차 꼬리에 하얗게 웃고 선 메밀꽃들의 합창이 깃발을 펄럭이며 일렬로 서서 차 뒤를 따라 온다.

용기를 잃지 말라 한다.

특히 오늘 같이 아주 긴 긴 날에는…….

—『담장을 허무는 사람들』

레퀴엠, 2014

친구는 갔다.

어쩌자고 타자는 빈집 텃밭에 지난해 초겨울 유채씨를 뿌렸는지 알 수 없다. 봄에는 마당가 텃밭이 난생 처음 노란 유채꽃으로 멜랑콜리 했다.

허리를 굽혀 측백나무를 들여다보면 밥풀보다도 더 작은 측백나무 꽃이 내 시선을 단번에 잡아끌었다. 곁에 선 금소나무는 나지막한 키로 푸르게 성장했다.

4월 16일 수요일 빈집으로 가는데 김포 쯤에서 안개 속에 갇혀 길을 잃었지만 자목련 잎 뚝 뚝 떨어질 때 타자는 나무만 심었다. 뉴스도 듣지 못하고 치커리 씨앗을 뿌리고 상추 모종을 심고 꽃을 기다렸다. 나무 심기는 그칠 수 없어 비가 오나 천둥이 쳐도 장미, 보리수나무 가지를 꺾어 꺾꽂이도 했다. 도회지를 지날 때마다 눈에 보이는 대로 무화과 머루나무까지 닥치는 대로 사다가 심었다. 302그루 다 심을 때까지 나무만 심기로 했다.

재의 수요일도 지났지만 느닷없이 꺾인 장미들에 대하여 타자가 심은 나무가 자라서 싹을 틔우고 열매 맺기를 기다리며 뽕, 조팝, 이팝, 단원, 맹골, 팽목, 도트, 키딩, 닐, 진도라는 나무를 심어 이름표를 붙였다.

심다가 지치면 항아리 안을 비워 매실을 담고, 노지오이로 오이지도 담아 돌로 꾹꾹 눌러두었다.

5월에는 고구마 순을 사서 고구마도 심고 호박씨를 뿌렸다. 아버지가 심다 간 고추 모종도 아버지 따라 텃밭에 심었다.

6월, 대문 울타리에서는 장미가 피를 토하고 있었고 텃밭 가에서는 철쭉꽃이 흐드러졌다.

여름, 양파 값은 12kg에 3,800원까지 내렸다. 매운 양파를 하루 100kg씩 벗겨도 눈물도 나오지 않았고 까고 까도 알 수 없는 양파만 까는 일로 지겹도록 깠고 즙을 짜서 진저리나도록 마셨지만 맵다고 눈물도 나지 않았다.

8월 11일 호박꽃 지천인데 1959년의 시대상을 그린 열 번도 넘게 읽고 있는 피터 위어 감독의 『죽은 시인의 사회』 속 주인공 로빈 윌리엄스, 키딩 선생은 갔다. 부인은 "절친을 잃어 가슴이 찢어지는 듯하다"고 할 때 타자 목도 찢어지는 듯 아팠다. 그녀의 친구만이 아닌 우리 모두의 친구는 갔다. 아무 망설임 없이……

입에 지퍼를 잠그고 씩 웃고 있는 로빈 윌리엄스가 갔을 때 김훈의 소설 『칼의 노래』는 김한민 감독의 영화 『명량』으로 히트를 쳤고 타자는 루빈처럼 팔짱을 끼고 맨 앞자리에 앉아서 혼자 영화를 봤다.

9월, 새벽을 달려 나무에게로 가면 보랏빛 나팔꽃이 반겨주었다. 김장 배추와 무씨를 뿌릴 때도 영화 속에서는 웰튼 고등학교에 부임해 "오늘을 살라"고 삶의 정수를 살라고, 외치던 키딩 선생을 아이들은 "오! 캡틴! 나의 캡틴!"이라며 샤우팅 했지만 그는 가고 없다. 170cm의 아담 사이즈 키에, 환갑을 지났을 뿐인데 주옥 같은 영화를 두고 그가 갔다. 하나님도 절친이 필요했으리란 추측을 했다.

그를 잃고 허전한 터에 12월 17일 생인 프란치스코 교황이 대한민국을 방문했다. 신의 대리인의 눈사태는 분노를 식혀주었다. 개종을 생각했다. 그가 잡아 주는 손을 잡고 토닥여 달라고 등을 내밀고 "내 탓이라"며 가슴을 쳤다.

현실에 지쳤을 때 해야 하는 회개, 뒤돌아서서 제 자리로 돌아가는 계절을 맞아 다시 생각하고 맞는 생각에 행동을 보태야 했다. 그 날로 교황이 사는 아버지 집에 난생 처음

가 보기로 했다. 뱃속부터 부모님 따라 믿었던 것에 대한 회한이 컸다. 감사도 컸지만……. 극적인 대한민국 종교계의 전환기가 될 것이 확실했다.

 이젠 레퀴에스, 안식의 계절, 무겁고 침울했던 한 해를 통과한 우리들, 토트의 절친 닐은 가고 없지만 시간을 거꾸로 돌리면 키딩 선생은 학생 닐을 대신해 갔다. 타자의 맘속에 살아 운동력을 갖고 펄떡이며 삶의 정수가 아닌 것을 깨부수고 정수를 살라는 문장을 노트3에 썼다. 캡틴을 찾기 전에 타자를 바라보는 저들이 나를 캡틴이라고 부를 수 있을 만큼만 산다면 무엇을 더 바라겠는가? 키딩 선생은 아마도 "다 이루었다"고 묘지명에 쓰면 좋을 것 같았다. 제 자리에서 제 할 일을 한다는 것은 얼마나 고단한 일인가? 늦었지만 뒤로 돌아가 다시 제 일을 찾아 한 것 같은 키딩 선생의 사건에 가슴이 뭉클했다.
 찬비를 맞으며 일 년 내내 심었던 나무에 톳밥을 섞은 흙으로 나무의 등을 덮어줄 때 수영장에서 만난 전직 교사는 몇 십 년 전 "수학여행 가기 싫다"는 학생의 비용을 대신 내 주고 보냈는데 "그 아이가 갔다"며 자정이면 머리 풀고 나타나는 악몽이 다시 되살아났다며 아이슬란드로 떠난다고 했다. 떠나가는 할머니의 등이 구부정했다.

12월, 모차르트의 레퀴엠 제1곡을 들으며, 간자, 산자 모두가 만났다가 다시 제자리로 돌아갈 시간 창밖에 눈은 하염없이 내려 쌓이고 검은 것을 덮었다.

난생 처음으로 내 몸에 성호를 그으며 창밖에 휘날리는 눈사태만 종일 꼼짝 않고 바라만 보는데 푸른 나무와 잎의 어깨가 흔들렸다.

— 『현대수필』 2014년 겨울호

카르페 디엠

 오늘을 즐겨라.
 『죽은 시인의 사회』를 본다. 아이비리그 웰튼 아카데미에 새로 부임한 존 키딩이라는 젊은 국어선생이 있다. 부임 첫날 학생들에게 가수 비의 노래 「태양을 피하는 방법」에 나오는 노래 가사 '깊이 박혀 뺄 수 없는 가시' 같은 한 구절을 학생들의 뇌에 깊게 박아 놓았다.
 '오늘을 즐겨라, 카르페 디엠'
 한마디로 자신이 원하는 삶을 살라고 하는 것이다. 자신의 인생을 헛되이 낭비하지 말라는 것이다. 인생의 참맛을 마음속 깊이, 끝까지 삶의 정수를 맛보며 살라는 것이다. 삶이 아닌 모든 것을 털어버리라고 한다. 지금의 전쟁터에서 도망치지 말고 맞서 싸워야 한다고 하는 것이다.
 나는 오늘 지금 무엇을 즐기며 있는가? 내가 좋아하는 것은 무엇이고, 내가 하고 싶은 것은 무엇이며, 나는 진정 무엇이 되고 싶은가? 스스로에게 반문하여 본다.
 오늘의 시대는 특히 '유혹의 기술' 시대이다. 왜 무엇을,

누구를 유혹하는가? 스스로를 즐기기 위한 유혹은 아닐까 싶다. 나는 그 중에 내추럴형 유혹에 해당될 것이다. 나의 바보스러움과 영특하지 못함은 시골뜨기 출신의 어린 아이 같이 계산하지 못하는 삶을 살게 한다. 그것이 상대방에게 유혹의 대상이 되지는 않았나 하는 반문이 있다. 조금 피곤하다. 좀 더 잘 살아냈어야 하는데 하는 아쉬움이 크다.

그 동안 난 무엇을 즐겼는가? 결혼보다 요즘은 '연애의 시대'라 한다. 대상이 누구이든 우리는 죽을 때까지 무엇인가를 그리워하며 사는 것은 아닌지 모르겠다. 수필, 시, 소설, 등산, 영화 등 대상은 무한정하지 않을까 싶다.

나는 쓰기를 즐겨한다. 이것이 내가 하고 싶은 일이라면, 이렇게 하고 있는 것이 나에게 뜻이 있고 값어치가 있다면, 더 부족할 것이 없는 나름의 삶의 정수를 맛보고 있는 것은 아닌가 싶다.

며칠 전 한 시인은 나에게 질문을 해 왔다. '자신의 생의 의미'를 말해 보라고 한다. '나는 지금 대하고 있는 사람들을 소중하게 생각한다'고 했다. 최선을 다한다고 했다. 왜냐하면 이 순간도 지나고 나면 찰나로 지나버릴 것이기 때문이다. 뒤돌아서서 아쉬워 할 때는 이미 늦어버린 시간 아니던가 싶다.

그리고 오늘 이 순간 내가 무엇을 해야 한다고 결론이 내려지면 만사를 젖혀 놓고 달려 나간다고 했다. 밀린 설거지든지, 청소를 아랑곳 하지 않고 내가 가야 할 곳으로 간다고 했다.

지금 나는 시속 50킬로미터로 달리고 있는 중이다. 머뭇거리고 뒤를 돌아보기에는 시간이 많이 남아 있지 않다는 사실이다. 그 동안 아이들의 뒷바라지를 한답시고 내가 진정 하고 싶은 것을 해 보지 못한 것 같다. 태어나서 20년은 시골에서 농사일에 늘 채여 살았다. 도서관도 없었고 유치원도 없었다.

지금 사는 곳은 한 블록만 지나면 도서관이 나타난다. 가는 길에는 유치원이 있고, 산을 타고 등산을 즐기며 걸어 둥근 오름길을 오르며 갈 수 있는 곳이다. 틈만 나면 도서관엘 간다. 문학 공부도 공짜이고, 책 보고 빌리는 것도, 영화를 보는 것도 공짜이다. 얼마나 신나고 복 받은 생활인지 신의 공평함에 감사를 드린다. 늦었지만 늦다고 생각될 때 나는 책을 보기 시작했다.

영화 『스탠리와 아이리스』에 나오는 스탠리가 책을 읽지 못하는 까막눈이다가 결국엔 공부를 하기로 마음먹고 자존심을 뒤로 하고 아이리스한테 글자를 배운다. 그가 책을 읽을 수 있었을 때, 그는 도서관에서 공부하는 조용한 분위기를 한 방에 깬다. 큰소리로 책을 읽었던 것이다. 책을 읽을 수 있다는 행복감이 그에게 파도처럼 밀려 왔다. 지금의 도서관은 그런 문맹자에게 눈을 뜰 수 있는 역할이 빠져 있는 것 같아 아쉽다.

어찌되었든 나는 스탠리 같은 심정으로 책을 읽는다. 호르헤 루이스 보르헤스(1899~1986)가 말한 우주의 사원인 도서관에서 나란 소우주와 도서관이라는 우주가 만나 연애를 하는 것이다. 냉정을 뒤로 하고 열정을 갖고 신나게 즐기려 한다. 이것이 내가 오늘을 사는 삶의 정수를 맛보는 유혹받는 삶이다.

오늘을 즐겨라, 카르페 디엠.

이 순간은 길지 않으리라는 것이다. 또 다른 아홉 번째 파도가 언제 넘어 올지 모른다. 언젠가 우리는 페루의 안데스산맥 자락으로 내 영혼을 반납하러 가야 하는지도 모른다. 가는 도중에 언제 나의 날개 하나가 부러져 훼방꾼이 될지도 모른다.

이미 부러진 나의 날개 하나는 사사건건 의심을 하게 만든다. 할 수 있을까, 괜찮을까, 컴컴한 길을 열어 봐도 될까? 쏟아져 오는 질문에 답을 해야 하는데 난 늘 부족하기만 하다. 그러나 부족한대로 난 나의 삶의 길을 간다.

끝까지 달려갈 길을 달려갈 것이다. 사도 바울처럼 내 안에 가시를 뽑지 못한 채, 같이 살아 갈 것이다. 내 안에 박혀 뺄 수 없는 가시조차도 같이 가자. 즐기며 간다. 눈이 부시게 푸른 가을하늘을 한 번 올려다보면서 나는 간다. ✈

― 『담장을 허무는 사람들』 2005년

2부
수필가
시인
구희남

2006년 『문학나무』 수필신인상 심사평 | 심사위원 _ 최원현 권남희

구회남의 내 안의 나

  수필은 자전적 체험 이야기가 주이지만 자기 체험 이야기에만 묶여 있으면 수필의 발전을 기대하긴 어려울 것이다. 다양한 소재들을 다양한 구성과 수필적 상상력으로 펼쳐내어 유머와 위트가 넘치면서 가슴을 울리는 감동을 주는 수필을 이 시대가 원하는 것처럼 그만큼 수필가의 책임도 크다 할 것이다.

  따라서 무형의 틀에 묶여 안으로만 잦아들고 있는 수필쓰기에 신선한 바람이 요구되는 때이기도 하다.

  이번에 『문학나무』가 선한 신인 수필가는 감성적 수필보다는 지적 수필을 펼칠 작가이다. 자신을 바라보는 눈이 남다르다. 혹자는 수필의 맛이 없다고도 평할 수 있다. 그러나 수필쓰기의 영역 확대 첫 발자국은 자기 체험의 범주를 넓히는 일이다. 새로운 수필쓰기의 시도, 구회남에게선 일상 수필의 한계를 극복해 보려는 안간힘이 보인다. 그의 그런 의지는 시적 상상과 소설적 상상만큼 수필적 체험을 상상의 세계로 접목시켜가며 새로운 수필쓰기에 도전한

다.

「문고리와 매트릭스」에서 구회남은 '내 안의 나' 어린 나를 이끌어 낸다. 회상이 아니라 내 속에 잠재해 있는 나, 내포작가(화자)처럼 나이면서 실제의 내가 아닌 곧 등장인물로서의 나일 수 있다. 그가 말하고 있는 어린 날의 나, 성년의 지금 세계와는 분명히 거리감이 있는 나를 문고리와 매트릭스라는 매개(장치)를 통해 말한다. 그리하여 유년의 그 '나'가 지금의 나에 이르는 현실에선 지우고 싶은 기억들이 된다. 그러나 그가 진정으로 소망하는 것은 지워질 수 없는 기억(문고리)을 시간과 공간의 경계를 허물고 넘나드는 매트릭스를 통해 새로운 나로 생성해 내고 싶은 열망인 것이다.

「카프카의 독백」은 편지글 형식이다. 「문고리와 매트릭스」가 상징성을 깔고 의미화한 수필이라면 「카프카의 독

구회남에게선 일상 수필의 한계를 극복해 보려는 안간힘이 보인다

백」은 시적 은유를 차용하여 아버지, 로토루아의 싹을 틔워내는 바위, 부칠 수 없는 편지로 표현하며 '임시보관함'의 상징성을 살려내고 있다. 수필은 의미화와 자기화가 생명이랄 수 있다. 그러나 구회남의 수필에선 그 부문에서 아쉬움이 있다. 수필적 완성도가 많이 떨어진다는 생각마저 든다. 그러나 그것은 기성에 대한 모반, 새로움의 추구를 통해 무언가를 이뤄내고자 하는 의욕으로 보인다. 남이 보지 못하는 것을 보려하는 의욕적 투시력, 새로운 이미지를 형성해 내려는 도전적 의지, 그것은 그 스스로가 새로워지는 과정이라 할 수 있다. 여기에 그를 내보내는 이유가 있다. 그만의 독자적 영역, 그만의 신! 선함을 기대하는 마음이다. 무언가 기존의 수필 형식에서 벗어나면서 새로운 수필을 보여줄 가능성과 기대를 모으는 마음에서다. 그런 그의 출발을 축하한다.

— 『문학나무』 2006년

대담기 | 김미영 _ 자유기고가

늦깎이 시인 자유를 꿈꾸다

구회남具會男 시인을 만나기로 한 날, 미리 약속한 시간보다 조금 늦게 예약 장소에 도착했다. 종강한 대학가가 그러하듯 복정동 거리는 한산하고 골목엔 알싸한 겨울 바람이 불었다. 미안한 마음에 손등을 비비자 그는 편하고 너그러운 웃음을 환하게 보여준다.

그의 첫인상은 상상을 빗나가게 한다. 처음 그의 이름에서 풍기는 의연함과 다르게 단아한 몸집에 푸근한 미소를 가진 중년 여인이라 마음을 끌리게 한다. 고운 눈썹에 오뚝한 콧날, 그리고 얼굴에 흐르는 동그란 턱선이 젊어서 꽤 미인이었을 법한 인상을 풍긴다. 동그랗고 오목조목한 그의 생김새가 당연 그러한 인상을 받게 한다.

구회남 시인은 지난 2006년 『리토피아』에 「하루종일 혀끝에」 외 4편의 신작시를 발표하며 문단에 등단했다. 또한 같은 해 『문학나무』에 「문고리와 매트릭스」 외 1편의 수필을 발표하며 수필가로 이름을 냈다. 송파문인협회에서 활동하고 '시를 노래하는 사람들' 회원이기도 한 구회남 시인. 그는 이미 각종 문학행사에서 수필부문 최우수상을 휩쓸 정도의 막강한 실력자다.

유년의 기억이 문학에 기여

구회남 시인은 강화도 정족산 아래 방죽마을에서 6녀 1남 중 셋째딸로 태어났다. 평소 신앙심이 깊은 아버지는 구성서具聖書란 이름을 가지고 40년 넘게 장로직을 수행하며 청렴한 삶을 살았다. 성경聖經을 일컫는 한자와 비슷한 이름 덕분에 평생 초지일관 봉사활동을 했다. 마을사람이 모두 휴가를 떠날 때도 그의 아버지는 혼자 남아 마을과 교회 허드렛일을 도맡았다. 뿐만 아니라 집에서는 근검절약을 교훈했어도 과부와 고아에게는 관대했다.

그런 아버지와 다르게 어머니는 손 귀한 집안에 내리 6명의 딸을 낳았다는 이유로 평생 죄인처럼 옥죄어 살았다. 워낙 작은 체구에 한겨울 해소기침에 시달리는 병약한 모습이었다. 결국 시어머니의 미움으로 기氣 한 번 제대로 펴지 못한 어머니는 치매를 얻어 요양원 신세를 져야 했다.

구회남 시인의 유년시절은 그리 낭만적이지 않다. 3,4세 되던 무렵 가난한 살림을 덜기 위해 그를 이웃집 양녀로 주게 됐다. 어린 마음에 부모와 떨어지지 않으려 밤새 문고리를 잡고 울었던 기억이 있다. 결국 할머니는 '내가 한

복 한 벌 얻어 입었다'는 말로 일축했다. 그리고 103세로 세상을 뜨기 전 '또 오너라'는 말로 면목 없음을 전했다.

그는 그러한 어머니의 삶을 주제로 서울시 백일장에서 수상의 영광을 안게 된다. 벌써 7년 전 일이다. 부뚜막에서 찬물에 밥을 말아 한 술 뜨던 어머니의 모습은 이후 그의 뇌리에 오랫동안 각인돼 문학적 토양이 되고, 소재가 되고, 다하지 못한 노래가 된다. 이 땅에 결코 다시없을 어머니의 모습. 한 많고 애틋한 한국의 여인상이다.

자아실현을 깨닫게 된 30대 억척주부 일기

가난한 농가에서 여고를 졸업한 구회남 시인은 친구들과 '나는 안개다'로 시작한 낙서를 교환하며 편지 쓰기에 열중한다. 아버지는 매번 연애편지를 쓴다고 호통치며 진학의 길을 좌절시켰다.

그는 어느 날 '이대로 살다가 덧없이 죽겠다'는 생각이 들어 돌연 자살을 결심하게 된다. 가족이 모두 교회에 간 일요일을 틈타 꽁꽁 얼어붙은 방죽의 얼음을 깨고 그 밑으로 들어갔다.

그러나 죽는 것은 사는 것보다 더 어려운 일. 결국 단순한 이치를 깨달은 그는 다시 한 번 열심히 살기로 결심하고 그곳을 벗어나게 된다. '자살'을 거꾸로 하면 '살자'가

'나는 신앙인이다'는 말로 교제를 신청하고, 결혼을 약속했다

된다고 하였던가. 깊은 우울과 절망에서 벗어나 새로운 마음을 갖게 된 그는 아버지의 바람대로 신학교를 지원한다.

그는 신학교 국문학 시간에 이상의 「날개」를 배우며 자유를 갈망하는 문학도의 꿈을 키우게 된다. 그러던 어느 날 그곳 인천 자유공원에서 지금의 남편을 만나게 된다. '나는 신앙인이다'는 말로 교제를 신청하고, 1년간 꾸준히 편지 왕래를 하다가 결혼을 약속하게 된다. 남편은 부모의 허락을 받기 위해 강화로 발령을 내고 결국 동의를 얻어 신접살림을 차렸다.

재형적금 융자를 내서 전세를 마련한 남편과 세간을 준비하던 구회남 시인은 그 시절을 또렷이 기억한다. 남편이 TV를 사면 자신은 냉장고를 사고, 하루 세끼 음식은 주로 감자를 삶거나 굽는 걸로 대신했다. 첫아이가 들어섰을 때는 강화 읍내로 나가 500원짜리 국수를 사먹기도 했다.

이후 남편은 자력으로 미국에 가서 공부를 지속했다. 큰아들이 초등학교에 들어가고, 둘째아이도 유아원에 들어가자 비로소 혼자만의 시간이 주어졌다. 처음에는 무엇을 해야 할지 몰라 당황했다. 자아실현에 대한 지식이 아주 없었다. 그는 당시의 심정을 수필로 적으며 추슬렀다.

'30대의 나는 결혼하고 두 아이를 낳아 기르면서 가족이라는 보금자리를 지키기 위해 수많은 갈등과 싸운 날들이 더 많았다……. 마음속이 텅 비어가는 느낌은 위장의 통증과 겹쳐져 점점 극심해질 뿐이었다. 그때 나는 살고 싶지 않다는 유혹에 빠졌다……. 밤마다 이혼을 결심했고, 남편이 퇴근하면 무작정 집을 나와 길을 걸었다.' 30대의 고뇌와 갈등이 묻어나는 얘기다.

그는 일상에서 벗어나 무언가 찾고 싶은 욕망에 아이를 유모차에 싣고 분식집을 경영하는 극성도 부려보고, 30여가지 남짓한 교양강좌를 들으며 자격증도 여러 개 땄다.

그러는 사이 시간은 흘러 남편은 안정적인 직장 생활인이 됐고, 큰 아들은 서울대 병원 의사가 되었다. 집에 오면 천국에 온 것 같다고 말해주는 남편, 장롱 안에서 밤새워 공부할 만큼 학구열이 높은 큰아들, 밥도 손수 해먹고 일도 손수 찾아서 하는 경영학도 작은아들은 곱살 맞은 딸 역할이다.

무엇보다 고교 재학시절 독일 생물올림피아드에서 우리나라 첫 출전 은상을 받아온 큰아들이 그의 마음에 가장 믿음직스럽다. 반면 미국 스탠포드 대학과 기타 유수대학에 동시 합격했음에도 가정 형편상 유학을 보내지 못했던 것이 가슴 아픈 상처기도 하다.

등단은 결승점이 아니라 출발선

공무원 생활을 하는 남편을 따라 분당으로 이사하게 된

그는 지척에 있는 도서관에 적을 두게 되었다. 새 책이 대량으로 들어오고, 2002년 개설된 문창반도 그의 흥미를 끌기에 충분했다. 강사는 '나를 키운 것은 8할이 바람이었다'는 문장으로 시작해 여럿이 둘러앉아 서로 합평하는 시간을 갖도록 교육했다. 그리고 첨삭지도를 통해 문학적 소양을 쌓게 했다.

2003년 그는 새로운 강사를 만나며 운명적인 깨달음을 얻게 된다. 주눅이 든 채 평생을 노예처럼 살다간 어머니처럼 살 것인가, 아니면 자신의 목소리를 내는 여성으로 당당히 살 것인가. 기로에 서서 갈등하게 만들었다. 그동안 그는 문학을 통해 자신의 어린 시절을 성찰했고, 문학을 통해 진정한 인간의 삶을 심도 있게 숙고했다.

그리고 마침내는 비장한 각오로 바다에서 떠오르는 태양과 같이 자신의 운명에도 맞서 보리라 각오를 다지게 된다.

그는 독서치료사 1급 자격에 도전하며 새로운 삶을 살게 된다. 자신의 내부에 응축된 분노를 발산하고 과거의 상처를 치유하며 불안정한 세계와 화해하고자 했다.

그는 밀란 쿤데라의 소설을 읽으며 도서관과 집을 오갔고, 문학에 관한 뉴스나 새로 나온 책과 영화 정보 등을 스크랩하며 시간을 보냈다. 그렇게 3,4년 동안 읽은 책이 무려 사 오 백 권이 넘는다. 가장 기억에 남는 것은 역시 가브리엘 마르케스의 『백년간의 고독』이다. 그는 일주일에 거의 하나씩의 시詩를 써서 퇴고하며 책읽기에도 박차를 가했다. 큰아들은 그러한 모습을 바라보며 '엄마가 자라고 계시군요' 한마디 거든다.

죽었던 뇌가 소생하는 느낌은 아무도 모르리라. 그는 도서관에 출퇴근하다시피 하며, 자신의 삶의 이야기를 수필로 정리하기 시작했다. 자신의 내면에 엉클어진 형상들을 모아다 글 재료로 쓰고 떠오르는 생각들을 메모했다.

그러면서 그는 '진정한 자유는 과거에 집착하거나 후회하는 것이 아니라 현재, 지금 이 순간을 즐기는 것입니다. 내게 가장 가치 있는 일은 자신의 모든 것을 투자할 줄 알고, 진정한 자유를 누릴 줄 아는 사람이 되는 것입니다'고 토로한다.

그는 다시 아이들 학자금 문제로 집을 줄여 나가는 과정에서 지난 2006년 19번째 이사를 준비하게 된다. 그 동안 읽고 써 두었던 시詩들을 훑어보며, 가볍게 그냥 한 번 투고해 볼 요량으로 계간지 『리토피아』에 응모를 했다. 그런데 예상치도 못했던 결과가 주어졌다. 그의 생각보다 등단의 길은 가까웠고, 그의 걱정보다 문인의 길은 활짝 열려 있었다.

절차탁마의

시간이

그에게

늦깎이 시인의

명예를

가져다주었다

자신만의 뚜렷한 목소리로 발랄한 시세계 구현

하루종일 혀끝에 매달린 말 바다를 보러 가자 고속도로를 달려와 모래사장에서 모던러브에 맞춰 늑대의 춤을 춘다 일몰은 붉거나 노랑에 보라가 살짝 바다는 밝음을 모두 삼켰다 검은 바다에 시선이 고정된 우리 바다를 본 뒤에 끝장이 나는 현장 손끝이 닿으려는 순간 확 접어가버리는 전복적인 반향됐다 싶을 때 낯설게 멀어지는 것은 프시케의 것이다 영혼의 개안開眼을 위해서라면 기쁨이의 탄생을 위해서라면 어쩔 수 없다 바다에 노란 부표가 흔들린다 흔들릴 때마다 나쁜 피는 출렁이고 의식은 진화된다. 조이와 엑스타시여

— 구회남 시인의 당선작 「하루종일 혀끝에」 전문

그의 시詩가 이토록 주목을 받는 이유는 자신만의 뚜렷한 목소리로 삶과 세계에 대해 감수성을 십분 발휘하고 있다는 것이다. 다부지고 발랄한 시적 표현력이 문단에 새 지평을 여는 활력소가 된다는 점이다. '좀 늦은 나이지만 이제 나 자신을 위한 길을 찾았다고 생각해요. 그 동안 내가 가야 할 길이 어딘지 몰라 많은 시간 방황을 했어요' 겸손하게 말하는 그다.

이전까지만 해도 중년을 넘어선 한 사람의 주부이고, 한 남자의 아내이며, 두 아이의 어머니에 불과했던 구회남 시

인은 이제 평범한 주변인의 삶을 뛰어넘어 문단에 주목받는 기린아가 되었다. 절차탁마切磋琢磨의 시간이 그에게 늦깎이 시인의 명예를 가져다주었다. 그의 소박한 몸짓이 황혼에 잔잔한 파문을 일으킨다.

등단은 구회남 시인에게 마지막 결승점이 아니라 새로운 출발선이다. 문인으로서 그가 달려야 할 트랙은 아직 많이 남아 있다. 한 권이라도 시집을 내보겠다는 목표가 있고, 다른 문인과 협력해서 함께 이뤄야 할 작품세계도 있다. 그러나 결국 타인을 위한 봉사자로서 여백을 채워가야 한다는 것이 구회남 시인의 인생지론. 지금은 제대로 된 시詩 한 줄 쓰기 위해 자기만의 시간이 필요하다는 그다.

앞으로 보다 원숙한 몸짓으로 고독과 사유가 무르익은 그의 주옥 같은 신작시를 기대해 본다. ✶

―『뉴스한국』 2007년 3월

『하루종일 혀끝에』 해설 | 이수정 _ 시인, GIST대학 조교수

도서관 속 미로, 진리를 담은 책의 행방

1. 꿀, 벌

이 시집은 읽고 쓰는 인간, 호모 리테랄리스(homo-litteralis)에 대한 보고서이다. 그는 세계를 살지 않고 도서관에 산다. 그의 걸음은 언제나 '마뉘꿀(「마뉘꿀을 지나며」)'로 가고 있다. 마법적 감각을 건드리는 '마뉘꿀'이란 이름은 사실 국립중앙도서관으로 가는 고갯길의 명칭이다. 이 고갯길 끝에는 '꿀'을 담고 있는 무한한 수의 육각형 방을 지닌 벌집이 있을까? 온종일 자신의 혀로 꿀을 찾아 모아야만 하는 꿀벌은 어쩌면 시인의 은유가 아니겠는가.

보르헤스는 그의 『바벨의 도서관(Biblioteca de Babel)』에서 다른 사람들이 모두 도서관이라고 부르는 우주를 그려낸 바 있다. 이 도서관은 부정수의 육각형 방으로 이루어져 있고, 우주의 사람들은 무수한 육각형의 방에서 태어나며, 각각의 방은 책으로 가득하다. 바벨의 도서관이 영화 『큐브』에 영감을 주었다는 것은 많은 사람들이 이미 주지하고 있는 바이지만, 무한한 정육면체의 방 속을 이동하

며, 탈출을 꿈꾸는 영화 속 사람들의 이야기는 바벨의 도서관 어딘가에 모든 진리를 담은 완전한 책이 있다는 소문을 믿고 그것을 찾아다니는 사람들의 이야기와 평행하다.

시인은 매일 마뉘꿀을 지나 도서관으로 향하는 사람이다. 도서관은 지혜의 샘이라고 쉽게 이야기하지만, 사실 그것은 거대한 미로이다. 도서관의 잘 분류된 것 같은 방들은 그러나, 그 방에 놓인 책을 꺼내 펼쳐보는 순간 하나의 입체적 미로를 만들어 놓는다. 글자들의 덤불숲이 만들어 놓은 행간의 길은 지도이면서 미로이다. 시인이 왜 도서관에서 읽고 쓰며 미로를 헤매고 있을까.

> 호기심이 바닥난 날
> 큐브 안에 갇혀 평행이동을 하며
> 보르헤스의 우주의
> 사원으로 나는 간다
> 글로리아를 열창하며
> ─「자서」 부분

시집의 맨 첫머리에 놓인 시인의 자서에는 시인의 현실 인식과 포에지가 분명히 드러나 있다. 그가 보르헤스의 우주의 사원, 도서관으로 가는 이유는 '호기심이 바닥났기

도서관은

지혜의 샘이라고

쉽게 이야기하지만,

한 잔의 술을 마시고
우리는 버지니아 울프의 생애와
목마를 타고 떠난 숙녀의 옷자락을 이야기 한다
목마는 주인을 버리고 거저 방울 소리만 울리며
가을 속으로 떠났다 술병에서 별이 떨어진다

박인환 목마와 숙녀 中

사실

그것은

거대한 미로이다

때문'이다. 호기심은 새롭고 신기한 것을 좋아하는 마음이라는, 그 자체 '동사적'인 단어이다. 그것은 타자에 대한 마음의 쏠림, 다시 말해 사랑의 시발점이며, 지적인 능력의 출발점이다. 인간으로서의 존재 기반인 지적인 능력(에의 욕망)과, 타자에 대한 사랑의 감정이 시작되는 기원으로서의 호기심이 말라버렸다는 것은 타자와 세계에 대한 소통능력의 상실을 의미한다.

인간이 타자와 영향을 끊임없이 주고받을 때, 존재는 변화하며 자라나간다. 인간은 매우 작은 파편적 존재이지만, 이렇듯 상호작용하며 자라는 존재가 될 때, 화이트헤드 식으로 말하자면 현실적 존재(actual entity)가 된다. 이 현실적 존재는 자기초월체(superject)라는 존재의 목적을 가지고 있는데, 그 목적은 구체적인 어떤 대상이나 실체가 아니라, 구멍과도 같은 것이다. 마치 길 끝에 보이는 소실점과도 같은 이것은 존재를 나아가게 하는 끝없는 추동력이면서 방향성으로 언제나 존재한다.

호기심이란 다른 존재와 영향을 주고받을 수 있는 '관계'의 시발점이 되는 힘이고 능력이다. 이런 힘이 바닥났다는 고백은 시인의 세계에 대한 절망의 고백일 수도 있고, 스스로 관계에 문을 닫아버린 파산 선고일 수도 있다. 이런 닫힘은 존재를 고정 불변의 것으로 확정짓는다. 모든 살아 있는 것들은 끊임없이 움직이며, 존재의 닫힘, 고정불변의 딱딱함은 죽음을 의미한다. 그러므로 시인은 현실의 삶을 '큐브 안에 갇혔다'고 진술하며 유폐감을 호소하는 것이리라.

호기심이 사라져버린 세계를 살아가는 일은 큐브 안에 갇혀 살아가는 죽음의 징역이다. 그런 삶은 매일 부지런히 이동하여도 똑같은 방으로 되돌아가는 영화『큐브』속 평행이동과 다를 바 없다. 새로울 것이 없는 고정불변의 틀 안에서 똑같은 틀 안으로 이동을 일삼는 일상이란 죽음의 상태가 아니겠는가.

삶이 평행이동 된다는 것은 공간의 수직성이 사라진, 상승과 숭고의 상상력이 제거된 현실인식이다. 그가 도서관으로 향하는 것은, 현실을 외면하고 책벌레가 되려는 것이 아니다. 큐브에 갇혀 평행이동하는 현실, 살아 있으되 죽은 것과 같은 존재를 어떻게든 구하기 위해서이다. 그러므로 시인이 도서관, 사원에 가는 목적은 너무나 분명하다. 그곳이 사원인 것은 그 자체 '숭고'의 상상력을 품고 있기 때문이다. 시인이 매일 사원으로 진군하며 부른다는 노래 '글로리아'는 시인이 가진 숭고에의 욕망을 보여주는 일종의 행진곡이다.

2. 도서관 미로

 '하루종일 혀끝에' 시인은 말을 매달고 산다. 이 매달린 말은 시인이 내뱉으려는 그러나 간당간당하게 매달린 말일 수도 있고, 반대로 글에서 막 낚아서 시인의 혀로 건져 올려진 말일 수도 있다. 구회남 시인은 도서관에서 하루종일 읽은 것들을 그의 혀끝에 건져 올리는 사람이고, 동시에 하고픈 말을 혀끝에 매달고 있는 사람이다. 그 말은 온전히 삼켜진 것도 정돈되어 글자로 박힌 것도 아니어서 거칠고 거침없지만, 시인의 지문이 더 진하게 묻어 있다.

> 낯설게 멀어지는 것은 프시케의 것이다
> 영혼의 개안을 위해서라면
> 기쁨이의 탄생을 위해서라면 어쩔 수 없다
> 바다에 노란 부표가 흔들린다
> 흔들릴 때마다 나쁜 피는 출렁이고 의식은 진화된다
> 조이와 엑스타시여
> ─『하루종일 혀끝에』 부분

 인용된 표제작은 여러 책과 영화가 콜라쥬 되어 복잡한 미로를 만들고 있다. 아니 시인은 여러 책과 영화 속 미로를 달리고 있다. 레오 까락스 감독의 영화 『나쁜 피』에서 주인공 알렉스가 데이빗 보위의 '모던 러브'라는 곡에 맞추어 미친 듯이 질주하는 장면, 캐롤 길리건의 『기쁨의 탄생』, 로버트 A. 존슨의 『신화로 읽는 여성성—She』 등의 독서체험을 뒤섞고 있는 것이다. 그러나 이 파편적으로 보이는 독서체험에도 일관된 공통분모가 있으니 바로 '탈출에의 욕망'이다.

영화 『나쁜 피』에서 알렉스의 질주 장면은 그 영화에서 가장 인상적인 장면으로 비상과 탈출에의 욕망을 거침없이 보여준다. 시인은 '고속도로를 달려와' '모래사장을 질주하며' 알렉스처럼 질주하여 탈출하고 싶었으리라.

또한 캐롤 길리건은 『기쁨의 탄생』에서 프시케와 큐피드의 신화가 남녀간의 공정하고 합법적이며 평등한 관계를 제시한다는 점에서 가부장제의 종말을 고하고 새로운 유형의 사회질서를 만들고 있다는 해석과 주장을 담고 있다. 그에 따르면 프시케 신화는 혁신적인 사랑의 이야기를 전한다. 신화 속 프시케는 단지 아름다운 여인의 이미지로 대상화되는 것을 거부한다. 그녀는 큐피드를 보아서도 안 되고, 그들의 사랑을 이야기해서도 안 된다는 금기를 깨뜨리면서 큐피드가 연인의 존재를 숨겨야 했던 세상, 그리고 그녀가 아는 바를 알지 못하게 한 세상을 폭로한다. 그리

전일적인 여성은

여성성뿐만 아니라

내면의 남성성과도

적절한 조화를 이룬다

고 그들의 정당하고 민주적인 결혼이 축하를 받으면서 이제 '기쁨(pleasure)'이 탄생할 무대가 마련된다. '기쁨(pleasure)'은 프시케(영혼)와 큐피드(사랑)가 결합해 낳은 딸의 이름이다. 기쁨은 영혼과 사랑이 정직하게 결합할 때 따라오는 것이다. 시인은 자신이 잃어버린 것에 대하여 말하기 위해 이 책의 일부를 혀끝에 건져 올린 것이리라.

또한 로버트 A. 존슨은 『신화로 읽는 여성성―She』에서 진정한 여성성이란 전일성(wholeness)이라 주장한다. 전일적인 여성은 여성성뿐만 아니라 내면의 남성성과도 적절한 조화를 이룬다. 저자는 여성 개개인이 자신의 여성성을 개발하면 자기 자신뿐만 아니라 사회전체에 '조이'와 '엑스타시'를 선물로 가져온다고 말하고 있다. 이 '조이'와 '엑스타시'가 여성성의 진정한 힘이자 아름다움이라는 것이다.

시인은 자신이 잃어버린 '조이'와 '엑스타시', 그리고 '기쁨'을 위해, 영혼과 사랑을 결합시키고자 질주하고 싶다는 말들을 도서관 미로 속에서 건져 올린다. 그는 마녀꿀 고개 끝에 있는 무한한 수의 육각형의 방을 가진 우주―도서관에서 오직 자신의 혀끝으로 꿀을 찾아 모으는 꿀―벌의 시인이다.

다소 길지만 이 시에 달릴 수 있는 주석 몇 개를 살펴보았다. 그러나 이것은 시작에 불과하다. 히치콕('히치콕, 콕, 톡톡'), 『고도를 기다리며』의 블라디미르와 에스트라공('고고와 디디'), 플라톤과 판옵티콘('MRI 촬영을 하며') 등등과 같이 수많은 고전의 고유명사들이 쏟아져 나오는가 하면, 나아가 영국의 뮤지컬 작곡가 웨버와 T. S. 엘리엇(「고양이」) 등과 같이 친절한 설명을 해주기도 한다. 하지만 더 자주 미술과 신화, 성서, 다양한 장르의 영화, 음악 등등과 관련된 고유명사들이 '검은 바다 위의 노란 부표처럼' 온통 떠다니고 있다.

카라바치오의 『사도 바울의 개종』이라는 그림에 대한 시 '파울로스의 길', 근대 여성화가 아르테미시아와 그녀가 그린 그림 『홀로페르네스의 목을 베는 유디트』(성서 소재)를 가지고 쓴 시 '아르테미시아의 한', 그리고 독일의 데콜라주 해프닝 작가인 볼프 보스텔을 소재로 한 『V. W.를 위한 禪』, 영화 『이퀼리브리엄』에서 나온 감정 억제제인 '프로지움'을 소재로 한 시, 영화 『피아니스트』의 실제 주인공인 유대계 피아니스트 블라디슬로프 스필만이 언급되는 '창백한 손가락' 등등에 이르면, 이 시집에 달려야 할 주석이 백과사전적이라는 생각이 든다. 우리는 시에 다가가기 위해 이 모든 주석들을 알아야 할까.

3. 진리를 담은 책의 행방

"지금 이 글을 읽고 있는 당신은 정말로 내 말을 이해했다고 자신할 수 있는가?"

보르헤스는 '이해했다'는 말이 많은 세부들을 사상시키는 억측의 칼날을 품고 있음을 지적한 바 있다. 그는 '확신하지 말고, 그저 생각하라'고 주문한다. 사실 보르헤스야말로 인류가 가진 가장 오래된 도서관을 통째로 가져다가 주석으로 달아야 하는, 짤막하고 기막힌 소설들을 써내는 작가가 아니었던가. 그가 사용하는 고유명사들과 역사적 사건들은 사실과 픽션의 경계를 넘나들면서 일명 '마술적 사실주의' 혹은 '환상적 사실주의'라는 새로운 용어를 부산물로 얻기도 했다. 보르헤스는 수많은 자료를 탐독하고 그것들을 주물러 부려놓는 글쓰기의 방법론을 통해 '이해한다'는 말을 무력화하고 '생각한다'는 말을 제시하고 있다.

이해한다는 말은 주체가 대상을 정의하는 것을 말한다. 그 명료한 확신은 대상과 주체와 사유를 고정된 것으로 만들어버린다. 이해되고 난 것, 확신된 것에는 그 어떤 의혹이나 호기심이 허락되지 않기 때문이다. 이런 이해와 확신으로 이루어지는 독서체험, 혹은 '관계'는 책, 대상을 차례로 죽이는 과정에 다름 아니다. 보르헤스는 이를 방법적으로 부정하면서 오로지 자신의 소설에 대해, 대상에 대해 '생각하라'고 하였다. 생각은 늘 움직이는 것이고 불안정한 것이며, 대상과 주체 사이를 끊임없이 오가며 주체에게 영향을 미치는 '힘'이다.

우리는 이 시집에 수록된 시들이 괄호쳐낸 수많은 주석들을 이해함으로써 시를 확신하려 하기보다는 시에 대해, 시인의 방법론에 대해 '생각'하여야 한다. 시인이 우주의 사원인 도서관에서 스스로 호모 리테랄리스임을 자처하는 이유는 무엇이었던가. 그는 매일 평행이동하는 현실로부터 탈출하기 위해, 조이와 엑스타시를 위해, 기쁨의 탄생을 위해 질주하고 있음을 상기해보자.

조이와 엑스타시를 위해 필요한 전일성, 기쁨을 위해 필요한 프시케와 큐피드의 결혼은 서로 상반된 두 가지의 결합을 전제한다. 이러한 '모순의 결합(coincidentia oppositorum)'은 연금술에서 금을 만들어내는 '철학자의 돌(philosopher's stone)'이라 불린다. 금을 만들어내는 철학자의 돌은, 모든 철학을 다 담고 있다는 책, 『The Book』이라고 불리는 책, 모든 진리를 담고 있는 존재, 전일적인 존재의 상징이다. 그 책을 찾아 전일적인 존재가 되고 나면, 죽음의 징역과 같은 현실을 조이와 엑스타시, 그리고 기쁨으로 만드는 연금술이 가능하리라.

그는 수많은

존재들의 미로를 지나며

오직 자신의 혀로

꿀을 모아

시, 집을 짓는다

시인은 스스로 '철학자의 돌'이 되기 위하여 수많은 책-존재들과 영향을 주고 받으며 스스로 자라는 존재가 되고자 일종의 여행-순례를 하고 있다. 그는 수많은 존재들의 미로를 지나며 오직 자신의 혀로 꿀을 모아 시, 집을 짓는다. 이런 매일의 부지런한 작업으로 찾아가는 '완벽한 책'은 아마 소실점과 같아서 시인으로서의 전 생애 동안 찾아지는 것일 것이다. 하지만 그 책의 내용이 어떠하리라는 것을 짐작케하는 시편들이 있다.

> 흠뻑 젖은 거미 엄마는 싹을 틔워 수요일에 붉고 엷은 이슬이 비쳤고 쇠가죽 같은 생살 찢어 대지의 입은 벌어지고 사방이 벽인 허방에서 생살을 바느질했죠 무릎, 어깨뼈로 들어온 바람 거미는 사시나무 떨 듯 떨었죠, 1984년
> ―「틔움」

'뫼비우스띠에 연결된 가족(「여름밤의 꿈」)'이라고 시인이 표현한 바 있듯이 가족은 서로의 밖이면서 서로의 안이다. 모든 아이는 어머니의 밖이자 안이 아니었던가. 시인은 자신의 어머니와 아버지에 대한 이야기를 하고자 할 때, 진리의 책 한 장을 혀끝에 매단다.「틔움」은 매우 감각적이고 신화적으로 탄생에 대한 이야기를 하고 있다. 시인은 자신

의 연대기에서 가장 잘 눈 뜨는 것 같다.

틔움이란 생살을 찢고 허방에서 생살을 바느질하는 일이며, 새어 들어온 바람에 몸을 떠는 일이다. 그리고 말랑하거나 혀끝에서 녹는 부드러운 존재가 되는 일이다. 닫힌 존재, 갇힌 존재에서 스스로를 깨치고 눈 뜨게 하는 틔움은 다른 존재에 대한 생각, 호기심이 새어나오는 문을 연다. 거기에는 스스로를 찢고 바람을 들이며 말랑해지고 녹아야 하는 고통이 있다. 무수한 책의 미로 속에서 오로지 혀끝으로 꿀을 찾아 모으며 스스로를 기꺼이 틔운 시인이, 이해의 납활자본이 아닌 생각의 출렁임으로 진리를 담은 책 한 장, 한 장을 찾아나가리라 기대해본다.

— 『망각과 손잡이』 이수정 평론집

『하루종일 혀끝에』 시집을 읽고 | **홍영일** _전 염광고등학교장_

사랑의 기쁨과 즐거움

 구회남 작가의 시집 『하루종일 혀끝에』의 첫 페이지에 그 제목의 시가 실려 있다. 하루종일 혀끝에 매달고 다닌 핵심은 뭘까? 아마도 조이(기쁨)와 엑스타시(황홀감)가 아닐까 한다.

 희랍 신화에 나오는 큐피드와 프시케의 완전한 사랑을 이루어 가는 이야기라고 생각된다. 프시케는 불안한 마음으로 출발하지만, 용맹스런 모험심으로 완전한 행복을 찾게 되었기 때문이다.

> 꽃의 여드름이 터지기 전
> 낯설게 멀어지는 것은 프시케의 것이다.
> 영혼의 개안을 위해서라면
> 기쁨이의 탄생을 위해서라면 어쩔 수 없다.
> 바다에 노란 부표가 흔들린다.
> 흔들릴 때마다 나쁜 피는 출렁이고 의식은 진화된다.
> ―「조이와 엑스터시여」일부

작가는 인천 강화출신으로 고향을 무척이나 사랑하며 2006년 봄 『문학나무』 수필 신인상과 2006년 가을 『리토피아』 시 신인상으로 문단에 등단하였다.

두 아들 중 장남은 결혼했으며, 차남은 LG회사에 근무하고 있으나 아직 미혼이라고 한다. 작은아들은 텃밭에서 자란 채소로 만든 어머니표 비빔밥을 하루 두 끼라도 청한다고 한다.

그녀를 시인으로 만든 것은 고생이었다.

돌배기 큰아들이 3도 화상을 입어 시내버스를 타고 병원을 찾아가는데 아기는 자지러지게 울어 버스 안은 요란한데, 어쩔줄 몰라 허둥지둥하면서 겨우 찾아간 병원마다 병실이 없다며 받아주지 않았다. 아기를 포기할 생각조차 했다고 한다. 그때 당황했던 모습이 「4월」이란 시에 잘 표현되어 있다.

> 회색빛 빌딩 사이에
> 남산 타워가 보이는 줄 몰랐어요.
> 사투 끝에 입원한 국립의료원 곁에
> 평화시장이 있는 줄도 미처 몰랐어요.
> 공을 차는 동대문 운동장이 있는 줄은
> 꿈에도 몰랐어요.
> ―「4월」

아버지는

시골

감리교회에서

수석 장로셨다

그런 아들이 공부하느라고 핼쑥해진 얼굴을 보고 자랑스러운 생각은 사라지고 '당장 때려치워' 하는 소리가 목구멍까지 나오는 것을 간신히 참았다고 한다. 당장 자기 피라도 헌혈해 주고 싶었다고 한다.

일하기 싫으면 먹지도 마라.
아버지는 시골 감리교회에서 수석 장로셨다고 한다. 아버지, 할머니, 어머니 순서로 하늘나라로 가셨다고 한다. 영특하시던 어머니였지만, 치매로 요양원에서 돌아가셨다.

> 아버지가 가자마자
> ○○기도원에 갇힌 어머니
> 종아리는 회색 빛 수피樹皮
> 마른 대추 같은 얼굴 펴며 팔을 벌릴 때는
> 산 딸 나무로 하얀 꽃으로 십자가 닮았네
> 어머니는 셋쨋딸을 알아보지 못하고
> 낯선 관계는 밤새워 얘기나 해보자는데
> 막상 하자 들면 할 얘긴 없지
> ─「어머니」

아버지具聖書 장로님은 이름처럼 매사에 성실하게 사신 분이라고 한다. 새벽 4시면 어둠을 깨우는 종소리, 아버지가 때리는 새벽 종소리를 들었다고 한다. 기도를 마치시고 밭일을 하시다가 흙 묻은 장화발로 들어오시며 작대기로 마루를 쿵쿵 두드리면서 무섭게 깨운다.

    서두르는 등굣길
    도리깨 맞은
    콩에 미끄러지고
    지각인 자전거는
    돌부리에 걸려
    체인의 혀가 늘어진다.
    — 「여고생의 가을」

    일하기 싫으면 먹지도 마라
    그리고 의를 구하라는
    마지막 편지 남기고
    망치로 두드린 기타
    흙 묻은 장화
    헌 집 남기고
    정족산에서 소나무 물관 타고

운강의 아버지로 산을 오르신다.
―「아버지」

작가는 할머니의 치맛자락 붙잡고 따라다니던 일을 회상하고 있다. 할머니는 앉아서 3천 리 서서 2만 리 볼 줄 아는 사람이 되라고 하셨다고 한다.

목사를 기다렸다는 듯
목사님이 오자마자 그 품에 안겨
99세 생을 마감하시자
나는 이제 울지 않게 됐어
―「콩 잎사귀」

시인은 아직도 마치지 못한 신학 공부를 다시 하고 싶어 한다.
시인은 신학교를 다니다가 현재의 남편을 만나 결혼하게 되었으며, 강화에도 집이 있어서 그곳에서 채소를 가꾸기도 한다.

나는 선지 동산으로 돌아갈래
두 번 갔다 마치지 못하고 온 곳으로 돌아가고 싶어

세 번째 다시 가서 마침표를 찍고 오고 싶어
　　―「케루빔이 막고 선 길」

　시인이 도서관 학파라 신학공부는 체질에 맞을 것 같은 생각이 든다. 앞으로 1, 2년 더 공부하여 목회해도 좋고, 안 한다고 하더라도 성서문학치료사 혹은 독서치료사가 되어도 보람이 있을 것 같다.

　시에는 곳곳에 성구가 들어 있다. '좁은 문으로 들어가라' '기도하는 손' '헛되고 헛되다' '기도만은 도중하차 할 수 없어 아멘' '로뎀나무 밑에 앉아' '믿는다는 것은 바라는 것들의 실체' 등이 있다.

　　터키의 타르수스에서 무장한 샤울은 크고 높았는데
　　시리아의 다마스쿠스에서 무릎뼈를 접은 후
　　낮고 비루한 생을 맞은 바울
　　대머리에 허리는 구부정하니 멋지지 않네
　　―「파울로스의 길」

　시집에는 22번 이사를 간 것으로 되어 있는데, 아마 그 후에 더 이사하여 실제로는 29번 째라고 한다. 이사가면서

이사가면서

언제나

도서관

가까운 곳으로 다녔다

언제나 도서관 가까운 곳으로 다녔다고 한다. 부부가 도서관에서 산다. 거처는 작아도 도서관이 서재요, 공원이 뜰이고 마을 영화관은 개인 소유나 마찬가지라고 한다.

여행하면서 에페소 유적지인 로마 제국의 최고의 도서관 셀수스 도서관도 찾아보았다. 무너진 건물 기둥에 기대어 기억하는 문장 '첫눈에 사랑한 것을 어찌 사랑하지 않을 수 있나'을 보면서, 그 낡은 문장을 지우고 '나는 아무도 사랑하지 않았네'라고 고쳐 쓰고 싶다고 했다.

결혼식 장면은 소박하게 잘 묘사되어 있다. 22살이니 1979년이다. 강화도 길촌교회에서 있었다. 그리고 무슨 일로 MRI촬영을 했는지 모르지만, 그 장면이 실감이 나게 묘사되어 있다.

> 15시 식은 강화군의 축제였다.
> 처음 붙여본 거추장스럽던 눈썹을 날리며
> 택시를 타고 김포대로를 달릴 때
> 개구쟁이 동창들은 화병을 넘어뜨렸고
> 코스모스 색색으로 사열해 섰다.
> ―「9월 22일」

성스런 돌이 나를 잘게 부수고

뇌세포를 낱낱이 넘기며

뒤틀렸거나 꼬인 것을 찾고 있는데요

나는 갇혀서 취조를 당하는데요

— 「MRI 촬영하며」

  몇 편의 시는 주석과 해설이 달려 있어야만 시인의 마음을 엿볼 수가 있을 것 같다.

  시 속에 나타난 날짜만 알아도 도움이 될 것이다. 6월 6일 6시(666) 한라산 동굴 탐사하다가 팔꿈치 다친 날인데, 성도들이 갈 곳을 가지 않은 대가라고 하니 아마도 그 날이 주일이었던 느낌이 든다. 사나이와 처음 간 곳이 동해시 묵호 어달리 해수욕장이라고 한다. 그 해 1979년 9월 22일에 결혼하였다. 12월 17일 이스탄불 등 성지 순례, 4월은 돌쟁이 아들 화상, 2008년 증시 파동, 2008년 11월 4일 버럭 오바마 당선, 2008년 8월 8일 8시 8분 8초 베이징 올림픽 개막.

마두도서관 주차장에서

평지라고 믿었는데

시지프의 돌보다 더 빠르게 미끄러진다

동생과 인천 자유공원에서

차에 깔리기를 마다하고 힘 다해

잠시 멈춰 선 우주

팔다리에는 시퍼런 멍 자국

줄줄줄 흐르는 무릎의 피, 피, 피

― 「시지프스에 기대어」

인천대교가 위풍당당하다

선교사가 들어와

첫발을 디딘 인천이 세계의 중심이 된다

송도의 불빛이 홍콩의 밤거리보다 좋다

― 「자유공원에서」

  구회남 작가의 시는 고심하면서 만들어진 작품임을 몇 편만 읽어 봐도 알 수가 있다. 시어 하나를 찾아 하루종일 혀끝에 달고 다니며 깊이 생각하고 쓴 작품이기 때문에 해설해 주지 않으면 작가의 의도와 아주 다르게 읽히고, 성경의 묵시록처럼 아리송한 부분도 있다.

  그러니까 시도 수학처럼 쉬운 것부터 풀어야 한다. 그래서 두고두고 풀 생각으로 보스텔 Wolf 작품에 나온다는 『V. W. 위한 선禪』, 『팜므파달』 등 몇 편의 시는 숙제로 남겨 놓는다.

3부
진실의 거울

야탑역 광장

나의 서시

여고 때 친구들은 "넌 너무 심각해" 했다.

한 점 부끄럼 없기를 살아내고픈 간절한 욕구로 고민스럽던 때였다.

졸업을 하자마자 나는 방죽 깊숙이 얼음장 밑에 앉아 지난 추억이 상영되는 영화를 물속에서 관람할 때 가족들은 이유도 모르고 슬피 울며 예배당 마루 바닥에 두 무릎 꿇고 기도를 하던 시간이었다.

기도 덕분이었을 것이다.

나는 물에 빠진 생쥐 꼴로 다시 이 땅에 태어났다.

아무도 모르는 비밀이 되었다.

한 점 부끄럼 없이 살아낼 자신을 잃은 후의 객기였다.

나는 바람 소리를 벗 삼아 정족산(전등사)을 보며 스무 해를 자랐다.

그 후 남한산성 산정을 올려다보며 다섯 해를 애 끓었다.

지난 5년은 영장산 자락에 짐을 풀어 놓았었다.

그동안 제대로 살자고, 신을 찾는다고 두 번의 신학교를

들락거렸다.(1978년, 1998년)

　심신이 안락하면 망각이 위로가 되었다.

　그렇게 지난 생이 흘렀다.

　무조건 퍼 주는 방식은 끝내 바보같이 되어버리는 것 같았다.

　잘해주면 늘 뒤통수를 맞는 기분이었다.

　시시한 이가 됐지만 영특해지고 싶다는 간절함이 있었다.

　하늘을 보며 진리를 찾고,

　바람과 함께 자유하며,

　별을 보며 나도 별과 같은 존재로 커 가려고 할 때

　'끝났다'는 잡지의 행간을 읽고 잠실역 교보문고 지하에서 계단을 밟고 올라올 때 태양은 이글거렸다.

　내가 밟은 계단 하나하나에서 비명소리가 들리는 듯했다. ✿

— 『둥근 것들의 이야기』

모월 모일

'용기보다는 인내심'이 많이 필요했다는 것을 이제야 느끼네요.
누구 만나 사귀고 설명하고 그러기에는 이제는 쉽지 않다는 것.
무슨 사이든 역시 그냥 지나치든지, 침묵하든지……
그러나 마음이 닿는 대로 간 거죠 뭐.

어제 이가 소설가는 '아줌마의 미는 허리둘레 베들레헴도 예쁜 것. 아이 젖을 먹였다면 늘어진 유방도 괜찮다'에 위안이 됐죠.
모두 제 입장에서 해석하고 제 멋대로 사는 거죠.
저 역시 마찬가지구요.

어제 MBC 롯데문화센터에 가서 처음 첫 순번에 시낭송했죠.
왜 첫 번째로 시켰는지는 모르겠어요. 이젠 조금씩 알리고 싶다는…….

 실은 다른 원고 복사본을 차 트렁크에 두고 잊고 안 가지고 갔죠.

 겨울 동안 할 일을 찾아낸 셈이죠.

 서서히 용기에 앞서 인내심이 필요하다는 것을 너무 늦게 깨달았나요.

 『백년간의 고독』 책이 없더군요, 구입하는 것은 내키지 않고 제목만으로도 질리는데요.

 정말 고독하고 싶은 누가 있을까요.

 자꾸 구석으로 몰아넣지 마시기를……,

 너무 스스로에게도 가혹하게 잔인하지 마십시오.

 건강이 더 중요하니까요.

 지난 한두 달이 경도까지 앗아 간 것 같네요.

 얼마나 다시 힘겹게 찾아야 올지 말지일 텐데…….

 덕분에 큰아이 고 이, 삼 때 잃어버렸던 뇌가

3부 진실의 거울 133

활성화되고, 기억력도 되살아나는 기분이고 독서의 즐거움을 찾게 해 주신 것 같아 감사합니다.

이젠 견자의 입장에서 갈증을 맘껏 느끼게 해 주셨고요.

오르가즘 후의 나무가 주는 딱 한 모금의 생수 같은 적확함.

도 닦듯이 살아내야 하는 삶.

더 앞으로 나가기 위해서는 편견이 없어야 할 것 같아

주제넘은 한 소리도 했네요. ✗

헤맨 날

어제 고마웠다.
짐이 됐다면 미안하고
다음부터는 부탁 안 할 게
늘 들러리 같은 역할이었니?
자정쯤 와서
오늘 아침 마구 퍼 붓고 나가는 사람 아닌 사람으로부터
가출하고 싶었다.
이젠 혼자도 살아낼 자신감도 생기고
취미가 아닌데 혹시나 해서……
피곤한 주말을 맞는다.
아니 회사에 이동이 있을 것 같아
신경이 곤두선 줄 알지만
이젠 세상사에 둔감해져 가는
어쩌면 피해 가는 나를 더 이상 볼 수
없다는 투정이었는지도 모르겠다.

우스운 짓인지는 알지만 그들만의 사는
살아내야 하는 방편이다.
자꾸 변해 가는 널 봐
자꾸 변해 가는 내가 보이니?
그냥 네가 언제나 기댈 수 있는
든든한 무엇이 되고 싶은데
많이 부족했었나 보다.
너무 많이 미안해하지 말아 줘 ✈

보헤미안 랩소디

메일을 중단하려던 마음이…….
희의 아이가 수많은 미로를 그려 길 찾아
가던 일이 경이롭기까지 하네요.
스스로에게 '무식'이라고까지는 전혀 몰랐는데
덕분에 짐 모리슨에게까지 와
랭보까지 비빔밥해 놓은 날 봅니다.
늘 이교도적 행위, 19에 뛰어든 방죽
가출 다시 신학교로 이어진 나의 길
그 다음도 이유 없이 했던 16번의 이사
수 없이 배우면서 곧 싫증을 느끼고
또 다른 것을 하던 삐딱이
만남도 그저 평범함을 뒤로하고
조금이라도 가슴 설레고 손잡고 싶은 이만
고집스럽게 밀고 가는 타자
남들이 다하는 파마머리도 질색이고
남들이 다 신는 뾰족 구두도 싫었다.

버펄로만 고집하고
왜 그랬는지, 덕분에 약간의
혜안이 열리는 것 같습니다
깃발, 퍼레이드, 좆도…….

이제는 거울 앞에서도
당당하고 싶었습니다.
깨질 때를 두려워하지 않기로 했죠.
어쩜 깨짐을 받아드릴 100% 오픈이고 싶었어요.
'용기'를 배우려하는지도 모르죠.
그래야 '상상력'이 만발할 테고요
그래서 어제 잠시 또 본 친구는
절 연구하고 싶다고 심리학 가르쳐 주는 데를 물었었죠.
랭보나 짐 모리슨을 추천해 주면 이해 충분일 것 같죠
지난번에는 '모리와 함께한 화요일'을 골라주고 왔어요.

이제는 도어스를 만날 차례 입니다
묵시록을 배우기 위해서
점점 사는 재미가 더해지는 무거웠던 지난
8개월이 잃은 것도 버린 것도 많지만
새 길도 찾을 수 있을 것 같네요
휴가를 떠나기 위해 일찍 짐을 챙기려…….
차가 가 닿는 곳이 길이겠지요
어느 날은 밤새 고속도로를 달릴 수도 있을 것 같네요.
용기가 생겼거든요.
어느 길 위에서일지,
길 옆에서일지 3일은 집을 떠나렵니다.
거기에는 또 다른 자유도 있을 것만 같네요.
홀가분하게 나서려 합니다.
걱정 안하셔도 될 것 같네요.
감사합니다. ⚘

질투

치~~
자기가 더 예쁘게 나왔네.
자기 땜에 내가 죽는다. 사진발이.ㅎㅎ
고마워요. 사진.
그래도 그곳에 간 기념사진 한 장 남겼네.
오늘도 도서관으로 직행하셨나요?
그래요. 좋은 글 많이 읽고 좋은 글 많이많이 쓰세요.
자기가 쓴 글 간만에 봤잖아(몇 년 전에…… 한참 됐지?).
정말 좋아졌더라. 매끄러워지고…….
볼 줄은 모르지만 나름대로 주관적인 생각으로.
건방지게 평한다고 흉보진 말고.
이왕 사진 보낼 거 몇 줄 글이나 써서 보내지…….ㅎㅎ
오늘도 좋은 하루되고 행복하소서!! ✶

알까요

 천지창조 때 제일 먼저 지면에 깔려 있던 안개.
 '나는 안개다'로 시작되던 여고 시절의 문학소녀의 꿈.
 동안 많이 힘이 드셨죠.
 도움이 돼 보려고 애썼지만 역효과나 나지 않았는지.
 공부해야 하는데 한 번 보면 땡이라서…….
 수업시간에 제일 많이 떠들고, 잊지 못할 년이 될 것 같네요.
 '의식의 흐름'을 적어 내려가 보았고 다시 잊었던 기억들을 찾아 책도 들척였죠.
 독대를 해서 더 가까운 시간을 가져 본다는 것도.
 나는 이렇게 주절거리니까 그렇게 안하는 사람들과 더 많은 얘기 하시라고 멀찍이 모르는 척 있었죠. 벌써 긴장이 풀렸는지 몸살감기에 어제부터 휴가 첫날 퇴직 전 남편 도서관에 취미 붙이게 모셔다 놓고 둘쨋날 책방으로 유혹해 보내고…….
 너무 추운 것 같아 멀리도 안 갔죠.

이제 방학을 맞습니다. 시간 내서 자연구경이라도…….

머리를 쉬게 몸도 쉬고 싶지만 서로 시간 맞추기 힘이 들죠.

조금 나가고 싶으면 연락주세요. 남편은 제 차에 손 안대니까요.

세카아, 구별이 아름답다는데 자꾸 다른데 호기심이 많아지는 세상이고…….

능력이 있다 보니 혼자 살아내야 하는 사람도 많아지고 '우정'이 더 깊이 대두될 세상이 될 것 같네요.

드디어 끝이 나고나니 '다시 시작이라는 의미' 외에 더 둘 것은 없지만 시원섭섭하네요.

결국 헤어졌다고 헤어진 것도 아니고 울고불고 통곡하고 싶던 옛날 일들도 그냥 뭉뚱그려 '항상 같이' 가고 있는 일이었는데 그 땐 어려서 너무 몰랐죠.

여기 오시느라 놓치고 아쉬운 안타까운 일이 너무 많으셨을 텐데 새해에는 큰 꿈 이루시기를 바랍니다.

막히지 않게 누구나와 잘 소통해야 하는데 '코드 맞는'

만 찾는 누구나인 것 같아요.

  욕망, 언제까지나 채워질 수 없는······.

  너도 아니고 나도 네게 아니고 영원히 그런 건지도 모르겠어요.

  가장 근접해 가려고 할 뿐, 그래서 계속 살아내야 하는 건지도 모르겠고요.

  몽땅 사기라고요.

  그냥 웃지요.

  마음의 앓음이 한 차례 또 지나가나 봐요.

  큰 놈 낳고 위장병 얻어 25년 차······.

  작은 놈 낳고 어깨 무릎 바람들고 그 중간에 큰 녀석 화상 후 내가 포상기태 수술 받고.

  다시 큰 녀석 대학 보낼 때 빈 둥지 증후군 속에서 주말부부가 오징어 먹다 급체해서 패닉에, 삶이 녹녹하지만은 않더라고요. ✻

누구세요

목이 빠져라 기다려도 오지 않는 답…….
또 많이 잘못한 것 같은 나
추수감사절입니다
아침부터 종일 감사를 배워야 하는
지난 일 년을 생각하니
샘 만난 것이 제일 큰 행운이었다는
묵상에서의 결론입니다
방금 찬양제도 마치고 오랜만에
놓았던 제 길에서 돌아온 것 같은
저물녘입니다.

그랬어요.
전 첨 만나 맘에 든 사람에게는
저의 가장 취약한 부분을 열심히
아뢰었어요
상대의 한마디 한마디가

저에게 지혜를 주고
길인 것만 같았기 때문이었지요
그런데 아직도 서툴러 상대의
마음을 편치 않게 하는 부분이
여전한 것 같네요
첨의 고통이 서로에게 심각할 정도이지요
그러나 그 후 나누는 정은 정말 친구가 됐지요
전에도 제발 '수신거절' 넣어줘 하던 친구
죽어도 못 그런다 하더니
둘도 없는 남편 다음의 친구가 됐답니다.

죄송해요, 급박하게 돌아간 지난 한달은
바로 전 메일처럼 이유가 있어
더 다급함을 느꼈었죠.
매일 '오늘이 마지막'이라는
심정으로 살았거든요

그리고 십자가를 나와서 사원에 온 이유는
어제의 기타 연주도 뒤로 하고
오늘의 서예전시회도 미루고
맹인을 위한 녹음봉사도 뒤로 하고
그렇게 왔던 이유는
진정 십자가와는 좀 먼 사람들의 아픔과
절대 같이 해 보고 싶었어요
그래서 더 미친 척, 막 나갔고요
죽기를 각오한 아버지가
평생 안 먹은 술에 빠져, 가기 전까지
마을회관 안 믿는 이들과 같이 마시고
뒹구는 것과 같은 이치지요
부모의 신앙을 따라 본받는 것 같아요
그런데 저 지금 제 신앙은 아이들에게
전혀 본을 못 보여 주고 있죠.

늘 생각이 없는 것 같으나 그런 실천적인
신앙을 해 보려는 한가지만은 갖고 산답니다.
거기에 샘님이 들어왔고요
남다른 삶이 제게 많이 아파왔었어요
너무 많이……
뭔가 가만히 있으면 안될 것 같은
죄송해요, 많이 오버한 거죠.

하는 데까지 열심히 해 보고 싶고
지난 금요일 도서관으로 달려가 4시간도
지루하지 않고 짧기만 하고…….
걸어 나오는 길 얼마나 씩씩하게 걷는 내가
스스로에게 자랑스러웠는지요
정말 감사합니다
새로운 많은 깨우침을 주셨고요
지난해보다 점점 많아지는 책들이

제 재산 같아 너무 좋았답니다
샘님의 마음에 닿을 것만 같았죠
전에는 농삿일이 많아 정말 공부할 수 있는 여건이
못 되었고 딸이라 대학도 못 가게 했고
그래서 닥치는 대로 배우러 다녀서 여느
대학 나온 사람보다 낫다는 생각으로 살았는데
누구에게나 통쾌한 상담자도 됐고요
샘님 같은 제가 평생 서너 명 만나기도
힘든 상대에게는 전 겁 없이 빠져버리고
어디까지 따라 갈는지……
게임의 시작입니다
승화작용이 일어날 것이고요. ✯

옵빠가 — 1974년

정성어린 너의 글 감사히 받았다
너의 글을 받고 보니 소설 같은 감을 느꼈다
전후 일본에서 센세이션을 일으킨
'그대의 이름'이라는 소설이 있었는데
내용인 즉
이름도 성도 모르는 사람끼리 찾아
헤매면서 저녁이면 달님에게
그 얼굴을 빚어 달라고 간구하는 구절이 기억에 새롭다

벌써 만나야 할 너와 내가
지면을 통해서 인사를 주고받게 되었으니
어찌 옵빠의 잘못이라 아니하겠느냐

남아!
옵빠가 말하지 않아도 잘 할 줄 안다
돈이 있어야지만 공부할 수 있다는 것은 잘못된 생각이

다

  미국의 링컨대통령을 생각해 보자
  천하 고아로서 의지할 곳 없어 땅굴을 파고
  움막 속에서 공부해야겠다고
  종이 한 장 살 수 없어도
  모래를 파다가 땅 위에 깔고
  손가락으로 모래 위에 글을 썼다 하지 않니

  그 후 그는 돈에 팔려
  한 평생을 노예로 살다 죽을 수밖에 없는 사람들을
  완전하게 해방시켜 준 위대한 16대 대통령이 됐지

  남아, 너와 나는 부잣집에 태어나지는 못했지만
  어릴 때 링컨에 비하면 얼마나 호강하냐
  보모 사랑도 독차지하고 자라고 있지 않니
  너의 부모님의 높으신 뜻을 받들고

항상 할아버지 할머니의 불편하신 것을 돕고
동생들의 길잡이 되면서 학업에 열중하면
아버지는 아버지대로 힘껏 밀어주실 것이니……

자기 책임을 다 할 줄 아는 사람이 되어라
감나무 밑에 가서 있다고 감이 입 안으로 떨어지지 않는다
너 혼자 해결키 어려운 일이 있으면 지체 말고 연락해라. ✈

쓸쓸한 — 1975년 6월 23일

남에게
너에게 할 말이 많았으나
하지 않았어
비는 조금밖에 내리지 않는구나
이왕 오려면 한없이 오지

내가 할 말은 오직 하나
너는 너무 쓸쓸한 것 같아
매일 혼자 생각에 잠기고
고민하는 것 같아
불만족한 생활일지라도
언제나 만족해 질 수 있다는 것을
너에게 말해 주고 싶다

내가 너한테 바라는 것은
언제나 명랑하게 수업에 임해라

이렇게 말하니
네가 공부 게을리 한다는 것은 아니고……

빗소리를 들으면서 생각해 보자
우리 옛날 비 맞으며 놀 때가 있었지
바람이 불면서 비가 오네
오는 비는 올지라도
우리 님은 언제 오시려나
비가 온다
목마른 대지 위에
기쁨이 솟아난다
기다리고 기다리던
우리 님도 오시겠지

― 추진이가

남아 — 1976년 6월 18일

나에게 한 틈의 멋도 없다
그래서 나는 떫은 것들을 증오하지 않고 사랑하는지 모른다
내 자신에 대해서 회의를 느낀다
아! 산다는 것이 이렇게 떫은가
미완성된 생활 속에서
거짓 가면을 쓴 인간, 나
뭐인지, 도대체 산다는 게 무엇일까
전등불 아래
이불을 펼 생각도 없이
눈만 껌뻑 대며
모든 것들이 얄밉게만 생각된다
이 세상에 모든 존재를 증오한다
그러나 나는 이들을 어느 누구보다도 사랑할 줄 안다
나에게 생소한 것
나는 아직 철없는 소녀

웃긴다
뭐, 소녀라고?
하지만 나는 자부한다
나는 소녀가 아니라고……
아직 나를 아무에게 보여주고 싶지 않다
자기 자신을 보여준다는 것보다 어리석은 일은 없기 때문이다
언제나 웃으며
발랄하게 살아가는 것만이
내 자신의 일부분일지 몰라
남이에게 모든 것이
잘 보여질 수 있기를……. ✗

— 여고 2년생 도토리가 씀

남에게 — 1982년 8월 18일

 열흘 만에 집에 돌아왔을 때, 때를 맞춰 날아들던 네 편지가 반가움을 지나 자랑스러움마저 느끼게 했다.
 동안, 평안한 생활이었는지…….
 4박 4일간의 여행을 무사히, 그리고 안온하게 다녀왔다.
 그간 불투명한 불만으로 뒷머리가 지끈지끈 했었는데 치유가 된 듯도 싶고.
 경상남도의 거제도와 충무, 그리고 경상북도의 대구를 거쳐 강원도의 강릉 속초 설악산 일대를 돌아다녔는데 지도를 펴놓고 보니까 남한을 세모로 일주한 셈이더구나.
 돌아다닌다는 것 자체가 중요한 것이 아니라, 여과시킬 수 있다는 마음의 여유가 생긴다는 점에서 여행은 참 뜻이 있는 것 같더구나.

 여러 권의 책을 읽다보니,
 이젠 쇼핑에서 지쳐버린 사람마냥 눈가늠할 척도마저 잃고 말았다.

공연히 뒤로 물러서고만 싶은 충동을 갈수록 크게 느끼고 있다.

쌈직한 마음으로 주체할 수 없는 방황에 돌을 던지고 싶다.

다시금 날이 지워지는 초저녁이다.

모쪼록 밝고 건강함이 넘치는 생활을 맞이하렴. ✯

이해해주렴 — 1987년 8월 18일

누구에게 마지막으로 편지를 썼는지
기억조차 나지 않는 무성의
실은 언제 썼는지 조차를 이해해주렴
상대방은 생각지도 않고 늘 핑계다

가장 편한 방법으로 몇 년을 흘려버린 셈이다
띵할 정도로 미안함 맘 감출 수 없다
한편으로는 결혼이라는 굴레를 쓰고도
우정이라는 것에 집착할 수 있는
네 끈기가 존경스러웠다
너만큼의 끈기가 내게도 있다면
난 현재의 내가 아닐 거라는 생각이 들었다

반짝하는 순간적인 지혜로 30년 버텨 왔으니까
너의 반 만큼의 끈기가 있었더라면 얼마나
좋았을까 하는 생각을 무수히 했다

그동안 무엇 하나 완전히 이뤄 놓은 것이 없다
얻은 것도 없다
직장을 갖고 있을 때는 완전한 주부역활을 위해
선생을 그만 두어야겠다 싶었는데 그러하질 못하다
나 자신에게조차 대강 넘어 가버린다
종일 바쁘기만 했지 실속이 없는 하루를 끝낸 잠자리에서
난 항상 슬퍼진다

꾸깃꾸깃 구겨버리고 말 생이 아닌데
나는 왜 이럴까 하는 자책뿐이다
다른 이들에게 맘 쓸 여유가 없었다
너 혼자서 정성을 쏟아 주었을 뿐이다
내가 너라면 벌써 떨어버렸을 게다
아량이 없는 나다
쓸 말이 없다

허점 투성이의 나다
앞으로도 이해를 하렴
내 욕심뿐이었던 내게 ✗

― 친구가

꼭 보셔요 — 1989년 5월 8일

아버지 어머니께
어버이날을 맞이하여
이 글을 쓰게 되었어요
엄마, 그동안 참 고마웠어요
또 안녕하시지요

체력검사에 시력이 나빠
걱정 끼쳐 드려서 미안해요
그리고 시험을 잘 보게 해 주셔서 고마워요
다 엄마 덕분이예요
다음에는 더 잘 보겠어요

아빠,
이 꽃 만발한 오월에 안녕하시죠
토요일 나와 놀아 주셔서 진짜 고마워요
안 놀아 주셔도 되는데

그러나 그 대신 시험 공부 하시게
내 책상을 내드릴 게요
그리고 엄마, 아빠는 나를 많이 사랑해 주셔요
동생만 사랑하지 마시고요
꼭 그렇게 해 주셔요
안 그러면 샘 낼 겁니다
그렇다고 나만 사랑하면 안 돼요
환이 하고 똑같이
아주 똑같이 사랑해 주셔요
인제 마지막으로
안녕히 계시고 장수하셔요
걱정 안 끼쳐 드릴 테니까요
그리고 엄마, 아빠 그림을 그립니다
꼭 보셔요 ⚹

― 아들이

가슴 가득히 — 1991년 5월 5일

환아 사랑한다
네가 태어나서 여덟 번째 맞는 어린이날 진심으로 축하한다
일 년 중 가장 즐거운 날이 되길 빈다
엄마, 아빠는 오늘이 특별한 날이라고 생각을 하지는 않는다
늘 같은 마음으로 사랑하고 있기 때문이다

네가 있어
우리는 항상 기쁘다
네가 있어 항상 우리는 즐겁고 보람되고
너를 우리에게 선물주신 하나님께 감사한다

너는 우리와 선생님 말씀 잘 듣고
음식은 골고루 잘 먹고
책도 열심히 보고

친구와도 잘 지내고
교회도 잘 나가고
헤아릴 수없이 모든 일을 스스로 잘 하니 대견하다
우리는 너로 인해 늘 기쁘고 네가 사랑스럽다

어린이날이라고 특별한 커다란 선물은 못 해주니 미안하다만
우리가 아끼고 사랑하는 마음을 가슴 가득히 받으렴
그럼,
다시 한 번 더 사랑해
우리 집의 귀염둥이
환이에게
맘이 ✗

사랑하는 내 사랑 — 1993년 4월 22일

밖에는 비가 내리고 있다
천둥번개까지
이러한 날이면 더욱 가족을 돌봐야 한다는 생각은 안 드시오
특히 이러한 날 더욱 늦으시는 당신이 더욱 야속하다오
위는 퉁퉁 붓고 붉어 재차 내시경을 촬영해야 하는데
도대체 당신이란 사람 생명과 건강과 바꿔가면서까지 시급한 일이 무엇인지 알고 싶소
당신이 늦는 날이면 나는 걱정을 하다가 위장약을 먹고 당신께 독하게 해야 하는데
불쌍히 봐 준 결과가 지금 현실 앞에 있으니 후회막급이오
이미 자격지심 같은 것은 버릴 때가 되었소
서울에 와 당신은 당신을 해치고 있소
누차 당신의 거듭되는 실언에도 신물이 나오
따끔하게 해야 하는데, 결과를 책임지시렵니까

당신을 사랑하오
아이들도 당신만 바라보고 있소
훌륭한 아이들을 당신은 깜빡 잊고 있소
바보 같은 사람이여, 정신 좀 차리시오
당신이 휘청하면 나도 날 어쩔 수 없소
이젠 엄포도 싫증이 났소
내게 불만이 있으시오
솔직하게 원하는 것이 있다면 알려주오
나는 당신께 순종한 것밖에 없는데
당신처럼 내가 흐트러져도 괜찮겠는지요
사랑하는 내 사랑
오후 10시 20분 ✈

빕니다 — 2000년 3월 13일

여보 지금 당신은 남대문을 헤매고 있는 시간이오
당신 그 마음만으로도 고맙소
나의 농담에 너무 과민반응이오
날 더욱 믿는다면 더욱 고마울 텐데
이제 일주일이군요
거의 떠날 채비를 마치는데
나는 실감나지 않소
당신을 김포공항에서 배웅하고 나면
살짝 울적해지면서 실감이 날지
아직은 아니오
그러하오니 걱정 마시고
업무에만 충실하길 바라오
당신과 같이 할 직원들과
아름다운 시간을 향유하시기를 빕니다
협력하여 좋은 결과를 갖고 오시오

아이들 걱정은 놓으세요
최선을 다해 당신이 해야 하는 몫까지
다할 겁니다

지난 번 발령났을 때
고통스러웠던 일들이 미리 준비를 시킨 것 같소
그러니 안심하시고 잘 다녀오시오

여보 사랑하오
많이 보고 싶을 텐데
더더욱 그리워질 텐데
당신 자리가 얼마나 크고
소중하고 넓었는지 절절할 텐데
잘못 해준 것만 후회할지도 모르오

늘 순간순간 건강에 유의하시오

식탐을 줄이고 운동을 열심히 해서
우리 다시 만났을 때
더 건강해진 모습으로 봅시다
서로가 사랑했음을 확인합시다 ✯

다행이오 — 2000년 3월 18일

봄바람이 시원한 날
당신은 결혼식장에 갔고
아이는 목욕가고 싶어 당신만 찾았지만

이제 오전에 큰 짐과 음식을 싸서 인편에 보냈고
돈도 찾아서 다 제자리로 옮기고
조금씩 실감이 나려하지만
씩씩하려고 애쓰오

진정 내가 당신을 사랑했는지
일이 손에 잡히질 않아서
아침도 챙겨드리지 못한 것 죄송하오
이제 내일만 지나면
당신은 정말 멀리 떠나는데
보고 싶어도, 전화도, 편지도 쉽지 않을 텐데
그래서 청소를 하다가 이렇게 쓰오

이 집 주인한테도 귀뜸해 주었소

겨울에 떠나지 않음이 천만다행이오
내가 운동도 할 수 있고
산에도 갈 수 있고
체중도 줄일 수 있는 계절이라서 다행이오

화창한 봄, 꽃은 피고 지고
몸도 가벼워지면 자신감도 붙을 테고
아이들한테도 더 충실할 수 있는 결심도 서고
참 좋은 한국의 하늘빛이오

가서 전화 편한 시간대랑 메일 주소
편지 주소 당신의 일과 당신 외 사람의 연락망
모두 가르쳐 주시고 안정이 되는대로
철이 장래를 위해 힘을 모아 봅시다

먼저 건강에 유의하시고
즐겁게 여행도 즐기시고
소망을 갖고
새 생활에 적응하시고
감사하는 맘을 잊지 마시고
집안일은 걱정 마시기를 ✈

얘기했어 — 2000년 4월 11일

화요일 어스름이야
당신의 전화 녹음돼 있더군
사랑해 라고
그 시간 의대 엄마 넷이 모여
롯데 11층 다도에서 일식 먹고
휴대폰 꺼 놓고 얘기했어

주와 원 엄마를 처음 봤어
주 아빠는 피부과 의사고
희 아빠는 회계사고
식후 롯데 커피숍에서
7,500원하는 커피는 각자 내고 마셨어
희는 동아리 락밴드 단원이고
석이는 연극단원이래
혜 엄마는 오지 않았는데
선생이라서 시간이 나질 않았어

호 엄마도 안 왔는데 다음에는 같이 모일 거야
희도 생명공학분야를 생각하던데
티타임 끝나고 석촌호수를 한 바퀴 걷고
헤어진 후 아이 토익 접수 차 강남역에 다녀왔어

내일은 산에 갈 거야
3일에 한 번 가는데 소요산으로 갈 거야
한 번 가면 물을 4통 약수 떠 오는데
2통이 모자라서 사 마셔
산에는 진달래가 다 피었고
어린잎들이 애릿애릿 금방 나올 것 같아
집값은 주춤하고 전세비 받으면 하나 더 살까 해
그래야 아들 유학 가면 보텔 수 있을 것 같아
아니면 관사에 들어가면 돈 좀 모일까

오늘 엄마들 얘기는 동료나 선배들과 잘 사귀어야

과 선택할 때 선배들이 뽑아준다는 거야
의사 아빠 집에서는 의대만 빼고
다 가라했는데 의대를 갔다는 거야
의약 분업이 되면 안 된다고 데모해야 한데
여보, 외로울 땐 긴 편지를 쓰도록 해 ✯

허전함 — 2000년 4월 13일

종일 정신없다가
텅빈 공간과 시간
여덟, 열 식구가 없는 자리
갑자기 몰려오는 허전함
불현듯 당신 보고 싶어
어떻게 생겼더라 의문부호로
올려다보는 사진 속의 당신 보고
울컥!

올림픽공원에서
많은 사람을 처음 본 것 같아
화네 둘째는 연못 안의 물고기한테
물을 줘야 한다고 우겨서 물을 줬어
꼬맹이가 어찌나 웃기던지
낮은 유쾌했소
가고나니 밀려오는 허전함

시골 부모님의 마음이 읽혀져

아이들이 말 안 들으면
얼마나 속이 상할까
울고 싶을 것 같아
우리 아이들한테 너무 큰 기대하는 것은 아닌지
내 삶, 혼자 당당할 수는 없을지
그런데 왜 자꾸만 작아지는지
모든 면에 자신을 잃어 가는지

보고 싶은 만큼 더 튼튼해지려고 애쓸게…….

그린빌에서 온 편지

여러 가지로 어려움이 많을 텐데
잘 헤쳐 가는 당신이 듬직하오
여기는 2층 원룸이오
한인 가게가 많고 값도 비싸지 않소
공기 물 좋은데 너무 더워 에어컨 없이 살 수 없다오
집, 전세 아이들 문제는 나는 모르니 현명하게 처리하시오
당신 스스로 경제, 사회, 정치적 해결 능력을 기르시오
한국인 행사에 가서 잘 얻어 먹었소
빈손으로 와서 세탁업하는데 부자가 됐더군
댈러스에 한국인은 오만 명이고
다음주는 나이가라, 뉴욕, 워싱턴 등으로 패키지여행 가오
675달러인데 경비가 바닥났소
전기세는 월 70불이고 네 시 반 기상하오
당신께 잘못한 생각만 나오 우리의 생활은 꽃밭이었소
당신께 뜨거운 키스를 보내오 ✶

— 『시와사람』 2009년 가을호

뉴욕 9.11때

사라진

쌍둥이 빌딩을 배경으로

아내를 그리며

미꾸라지 용되다

측백나무의 59번째 생일이다.

당신 자신이 미역국에 양파를 넣어 국을 끓여서 순한 나무 부부에게 준다.

저녁이면 케이크를 사각상 앞에 놓고 새 식구와 생일 축하 곡이라도 한 번 들려 줘야지 하는 바람도 빗나갔다.

순한 나무 부부의 저맘 때 우리 부부는 마이너스 일백만 원으로 시작한 터라 일 년에 한 번 돼지고기 한 근도 사 먹지를 못했다. 일십만 원하던 공무원 봉급의 반을 딱 잘라 저축을 하고 나면 쌀과 찬거리는 친정 몫이 되었고, 인형의 본드 붙이기라든가, 마늘까기, 화문석짜기와 식당에서 하루에도 몇 천 개나 씻던 식판 등 안 해 본 일이 없는 지난날 생이다.

그맘 때 그보다 이틀 먼저 생신인 친정할머니 생신에 다녀오던 그가 언제나 감기를 달고 사는 아이 때문에 읍내 약국을 들렀다가 할머니가 주신 떡을 들고 왔는데 펼쳐보니 소고기 한 근이 들어 있었다. 즉시 갖고 약국으로 달려

갔지만 주인을 찾을 수 없었다. 떡과 바뀐 소고기 한 근을 보고 우리는 할 수 없이 '당신이 착하게 살아서 하늘이 주신 것 같다'며 그의 생일 국을 끓여서 잘 먹은 기억이 오늘 새삼스럽게 떠오른다.

단 한 번도 구걸하는 이를 보고 그냥 지나치지 못하는 그가 지난해에는 직장에서 퇴직했다. 퇴직금 전부를 연금으로 돌리고 남은 것으로 두 녀석 대학 4년, 6년 동안 쌓아두었던 대출금을 갚고 나니 들고 나올 것이 없는 하우스푸어지만 용띠랑 살다보니 용이 된 것 같은 착각에서 빠져나오지 못하고 있다.

군에 간 아들에게

  이곳 날씨는 변덕이 심하다.
  네가 그곳서 끝날 때까지도 바람은 심할 것이다.
  내복도 잘 챙겨 입고 없으면 사서 써라. 보낸 긴 내복은 입었는지.
  이 편지가 도착할 즈음이면 3주차 들어가고 훈련의 강도가 생길 텐데, 말없이 참고 견디지만 말고 네 몸은 다른 몸들과 틀리니 잘 얘기해라.

  이번 주 아빠 엄마 모두 건강진단을 받았지만 2년마다 지나치는 의례적인 일인데, 아빠 이빨이 고장 나기 시작인지 방금 병원에 데려다 주고 왔다.
  너도 오자마자 치과 치료부터 받도록 해라. 시간이 걸리는 과라서 미리미리 시간 날 때마다 점검하고 고쳐 둬야 바쁠 때 시간 낼 수 없으니 그렇게 하렴.

  참 지루하고 평소와 다른 시스템이라 어떤지 모르겠는데,

아마도 눈 코 뜰 사이 없이 다른 생각 안 나게 훈련에 임하겠지만 호기심 때문에 일을 그르치거나 하지 말고 정신 바짝 차리고 말을 잘 알아듣고 집중해야 한다. 위험 요소가 많으니.

내일은 이모네 세 번째 아들 돌이다.
둘도 힘든데 셋을 기르려면 참 힘들겠다.
그래서 스트레스로 이모 몸이 아빠보다 더 무겁다.

어제는 판교에 도서관이 개관을 했다.
이곳 중앙도서관이 새천년에 개관해서 나의 안식처가 되고 있다. 아침을 안 먹고도 달려오게 되니 늙어서도 소일거리가 생겨서 참 좋다.
판교도서관에서 너에게 편지부터 쓴다. 어려서 가 보지 못한 도서관 나이 들어 다니는 일이 쉽지는 않지만 아마도 신은 공평한 것 같다. 나에게 이런 기회를 주었으니. 그런데 이젠 책보기가 쉽지 않다. 돋보기를 오래 쓰고 있다가 눈이 많이 피로하고 아파서 벌써 책보기도 다 한 것 같기도 하다.

  어쨌든 올해는 변동이 많을 것 같다.

  너도 한 달 후 배정 받아 이사를 해야 하고 동생도 6월이면 마지막 수업이고, 이젠 뿔뿔이 흩어질 수도 있겠구나.

  그럼 이만 총총……. ✯

―엄마가

박건호

멀어져가는 당신의 뒷모습을 보며
문단에 옷깃이 스친 삼삼한 날은 '슬픈 인연'

초등학교 3학년부터의 꿈을 버리지 못하고
반백 생에 늦깎이 시인이 되기까지
부르고 또 불렀던 노래는 '잊혀진 계절'

캘리포니아호텔에서 시낭송을 함께 한 2006년 겨울밤
미녀랑 '환희' 속으로 '빙글빙글' 사라지는 줄로 오해했는데
'모자이크'였던 당신의 생.

발 사진 포토 에세이전시회에 통통 부은 두 발을 내다 걸고는
'걸을 수 있다, 기적이 일어났다'고 좋아하시던 모습은 영락없는 소년이었는데

우주 안의 우주

글 구희남
그림 김동석

시고마의 계절
태풍 메아리의 눈이 뚫리고
출추는 밝은 태양이 비췄다
그가 무거운 것 다 지고 갔으니
가볍게 가자, 아가야
모든 것 저에게 맡기고
두려워 말고 손잡고 함께 가자
황금빛 장미꽃잎 사이를……

시와

그림과

글씨는

셋이면서

하나로

우주와 통한다

어제는

판교에

도서관이

개관을 했다

톱으로 잘린 심장, 철삿줄로 묶인 가슴뼈로 살아내고 있는 줄,
 뇌졸중에, 중풍에, 신장이식수술까지 받으신 줄 미처 몰라
 손 한 번 먼저 내밀어 나무의 결 한 번 만져 드리지 못한 회한의 밤.

 지난 일이 년 '허수아비'로 나타나서 마지막 인사하는 것인 줄, '모닥불'로 피어나 새에게로 가는 길의 끝자락인 줄 미처 몰랐던 나.
 '내 곁에 있어주' 하신 당신.
 2007년 12월 9일 우리 곁에서 먼저 떠나간 한 사내.
 고독조차도 사치였던 당신 곁에 '모나리자'의 모호한 미소를 띠며
 '아!, 대한민국'인들은 황사 낀 하늘을 봅니다. ⚘

─ 『사랑했을 뿐이다』 인물시

용서

싸이렌소리가 들이닥칠 때마다
꽃의 안부가 궁금해진 귀들의 허파가 쪼그라들 때
우리는 세상으로 향한 문을 꼭꼭 잠갔다
꽃이 무너진 자존심을 세우러 수술실로 들어간 후
수술실 옆 화장실에 들어선 내게 알아서 터진 소낙비
하늘문 활짝 열고 단비가 내렸다
가슴 한편 뭉쳐 있던 검은 구름은 줄행랑쳤다
마침 들이닥친 겸손은 나의 고막을 찢지만
용서한다는 문장으로 족했다.
당신이 대신 해준 일
꽃의 발을 까 준 주먹에 대하여 할 말이 없고
변기 속으로 달아난 검은 구름떼
꽃의 선물인 카타르시스 때문에 코스모스 세상이다
코가 잘생긴 녀석들의 찢어진 뼈마디를 이어 놓았더니
피눈물은 멎고 창공은 푸르다 ✈

— 『리토피아』 2011년

대국의 女神께

크리스테바가 명명한 objection
컴컴함이나 밝음 혹은 타는 불덩어리 같은
밤이면 창턱에 걸터앉아 질투하는 달
너는 너를 낳고 성질은 네모고 표정은 세모다
네가 사는 곳에 있는 달팽이와 대합조개들
분열중이거나 이性도 저성도 아닌
모호한 여러 개의 표정을 가지고
공포를 없애준다면서 심어준다

재앙과 五刑을 주관하는 者여
나는 당신이 불편하고 혼란스럽다
언제 주먹이 날아올지 모른다
言, 주먹은 명심하라는 거였다
임은 자라다 만 것 같기도 하다
네가 황토로 만든 것은 부자가 되었고
노끈으로 만든 것은 입에 풀칠이 바빴다

머리의 꾸미개는 영락없는 人〈사람〉인데 호랑이 이빨이라니
　표범의 꼬리를 휘갈기며 달리다니 반인반수신이시여
　베이징에서 2008년 8월 8일 8시 8분 8초에 열리는 올림픽에
　밝힌 불을 지키시는 神이시여
　당신을 만춰시키려고
　세계각지에서 모여 피 흘리고
　가시관을 쓰고 또 피 흘린다 ✻

―『시현실』 2008년 여름호

어둠의 입

느닷없이 검은 구덩이를 본 후
현무암에 바스러진 오른쪽 팔꿈치

시작도 하기 전에 사기치는 일을 포기하려는데
깊이를 알 수 없는 너의 응시가
거인 키클로페스의 공포로 집요하게 다가와

나를 보는 너의 시선이 사티로스를 보는 것 같아 분노를 참을 수 없어
나는 괴물 라토미가 되어 동굴 안에서 버럭, 버럭 소리를 질러
목이 터지고 핏덩이를 쏟아내
쿠메의 시빌라를 닮고 싶어 해

이젠 컴컴한 이곳이 조금씩 편해져 와
10년 전 먹었던 공황장애의 약을 안 먹어도 될 것 같아

보이지 않던 곳이 조금 보이고 읽혀져

오래 전부터 살고, 알고 있었던 곳 같은 깊고 검은 눈
컴컴한 곳을 가르쳐 준 너는 악마가 아닐지 잠깐 의심했지만
위산을 조금씩 토해내고 있으니 돌문을 닫지만 말아 줘 ✯

— 『현대시학』 2008년 1월호

6월 6일 6시

6월 6일 6시 총알택시를 타고 달린다
사방에서 바람이 와서 부딪쳐 미끄러지고 넘어진다
방향은 우에서 좌로 튼다
관음사 앞 까마귀들이 아침식사 준비로 분주하다

나도 컵라면에 뜨거운 물을 부었지만 체할 것만 같다
점심으로 성수 세 병과 정情을 7개 준비한다
입구는 좁다
좁은 문을 들어가야 닿을 수 있는 하늘 가까운 곳
때죽나무 사열해 섰고
바닥은 현무암이 깔려 숭숭 구멍 뚫려 있다

버펄로 신발바닥은 미끄럽고, 건천을 들락거리는 박쥐들
검은 구덩이를 렌즈 안으로 삼키고 컴컴한 웅덩이를 본 후
느닷없이 넘어져 깨지는 엘보, 숭숭 구멍 난 뼈, 바스러

진 우주

　서어나무 위에서 자신의 굿 구경을 끝내고, 자신의 직관이 맞아 떨어졌다

　믿고 돌아서는 까마귀 내가 오늘 있어야 할 곳은 매미채를 돌리는
　성도들의 사원이라 적혀 있던 것을 배반한 대가
　대가치고 너무해요 평생 구부러진 채 아무 말도 못하고
　구해달라는 세미한 소리를 안 들으려고 귀를 닫아요 ✻

—『애지』 2007년 여름호

아이나비 INAVI

고도 800m 백봉령에서 묵념을 하고 정선 아라리로 간다
첩첩산중
네비게이션은 낙석 주의, 급경사 주의, 내리막 주의
1km 앞의 숨어 있는 CCTV도 일러준다
한 시도 시선 떼지 않고 길을 알려준다
어디로 데리고 가시나요

너 가고 싶은 곳으로 가라
샛길이 지름길일까 달아나 본다
아우라지에 닿으니 공사 중
차바퀴는 흙탕물을 뒤집어 쓴다
나비는 뒤통수를 땡땡 치고
이마에는 혹 뿔이 나고 피가 철철 흐른다
피를 닦아주려는 나의 손을 매정하게 뿌리친다
나온 뿔로 닥치는 것 모두 들이박고 싶어 불끈 힘이 솟는

다

　가까이 오지 마라 다친다
　내게 가까이 왔던 모든 것들
　말을 타고 뒤로 달리는 이국에서 본 동상 같다

　아라리주막에 닿아 이별의 잔 쨍하고 부딪치려는데
　닫힌 문, 술잔은 간데없고, 술병도 울지 않는다
　나는 PDA에 연결된 전선을 뺀다
　깜박이던 불빛 멈춘다
　검고 큰 눈의 GPS 손안 가득 품어본다
　GPS의 검은 눈에서 흐르는 검은 비를 맞고
　내 손안의 수많은 지문들이 부풀어올라 온기로 가득하다

―『시와 사상』 2007년 봄

부평 그 골목의 끝

　월세 방을 찾아 들었을 때
　평상에 앉아 보던 늙은 나무들이 어디서 본 듯도 하다는 수군거림도 뒤로하고
　부평공단에서 IC에 납땜을 하고 자정에 퇴근하면
　늦게 지핀 구공탄 훨훨 타오르지 못하고
　피다 만 탄 가스가 곰팡내 나는 벽을 타고 들어와
　너의 목구멍까지 찼을 때
　제비 새끼를 낳으며 처녀 이종사촌 언니가 소리쳐 깨우던 꿈속

　월세집 안마당에 널브러져 옷섶을 풀어헤치고 별을 보던 시간
　아버지가 때리는 새벽종소리가 깨우던 새벽
　주인 할머니가 소녀의 목구멍으로 밀어 넣어주던 동치미 국물
　네가 납땜한 핸드폰, 컴퓨터, 나비도 써 보지 못하고

7D 영화도 못 본 채 깊은 잠에 빠질 뻔한 너

못 공장 옆 2층 집에 살던 鉉이는 기타 현만 찢고
여린 못에 한 번 박혀 보지도 못한 너는
네가 끌고 온 지평이 길었지만
끝은 시작! ✗

— 『패션저널』

항아리

빈 집 뒷밭.

보리수와 등나무 사이에서 발견되었다.

입은 거꾸로 박혀 있어 벙어리, 청각장애는 120년도 더 됐다.

독 안 가득했던 가족의 김치, 된장은 어디로 갔을까.

텅 빈 배를 세워 흙을 파내고 한 달에 990원 하는 지하수로 몸을 씻겼다.

환해진 배 안에 만병통치약 같은 매실효소를 담갔다. 유행이었으므로……,

가기 전 하룻밤만 같이 자자던 엄마의 청을 거절했던 탕자가 돌아와 가문의 뼈를 다시 세우기로 했다. 기업 중 배반했던 유다였을지라도 세 번째는 대문 울타리에 나팔꽃씨를 심어 꽃피니 전봇대 탑에서 울던 카프카 울지 않았다.

생각보다 먼저 달려온 몸이 닿은 고향에서 허리에 붙었던 7kg의 체지방도 빠졌다. 내게 남은 날들은 항아리와 동침하겠다.

  내일은 포도주를 담아 가나의 잔치 자리에 심샘을 초대해 취해도 좋겠다. 텃밭에 피었던 보랏빛 치커리 꽃은 마니산으로부터 불어오는 바람결에 에테르에 취해 씨를 부풀렸다. ✻

— 『힐링포엠』

크리스마스 이브에

백합 닮은 이브는 아담을 호명한다
아담은 국화가 피어야만 한다고 우기고
이듬해 촛대바위에 해국이 피었을 때
밧줄 하나 내려주려는 듯
9월 11일에 나타나 마마 우우 노래를 부르고
뒤목의 탱탱한 힘줄과
뒤가 마린 것도 잠잠하라 명령한다
전파로 수신되던 국화향 차를 나는 마시며
펄떡거리는 심장을 내리누르며 파도소리를 녹음한다

지난봄 소쩍새의 울분과
뻐꾸기의 울컥은 헛짓이 아니었다
장끼는 끝내 까투리를 찾았다고 침묵할 때
크리스마스 이브의 메아리는 너무 늦게 당도했지만
같은 노래를 부를 수 있다는 것만으로도
나의 몸은 가볍게 날아올랐다 ✺   ―『둥근 것들의 이야기』

정물화

목이 꺾인 국화와 백합 사이의 어머니의 영정 사진
상주의 순한 것은 비눗방울 놀이에 즐거워하고
절을 하려는 객의 손안에서는 호두알이 멈춰 서 있다
나는 거울을 본다

여중을 졸업하던 날
나의 학창시절 처음 학교에 오신 어머니
열둘과 열둘의 사이에 끼어 어머니 낯은 빛났고
딱 한 번 폼나게 보이셨고
그날 처음 어머니가 사 주신 검은 자장면을 먹었다

어머니의 30년 전쟁은 끝날 줄 몰라
밥은 부뚜막에서 찬물에 말아 한 술 뜨는 둥 마는 둥
어머니의 바로크시대를
나는 기록하기 위해 펜촉에 잉크를 찍는다.

영정 앞에 펼쳐져 있는 성 제롬의 로마서를 펼쳤다가
책장을 덮으며 먼지들의 팔딱거림을 보고
나의 목의 진주 목걸이를 풀어 어머니의 관에 넣고
문을 열고 나서는데 노랑나비 한 마리 날아간다 ✤

— 『2007 새로운 시』

나뭇가지 위에서

떨어질 힘만은 늘 넉넉히 갖고 있던 터라
날이면 날마다 오르던 뒷산 토종 밤 알

나무는 나의 발바닥 지문을 읽고 있던 터라
나는 가지와 가지 사이에 콘트라베이스의 쥐스킨트가 되어 봐요

날 그냥 좀 내버려 둬요
야생의 원숭이같이 자유롭고 싶어요

가지 사이에 등을 기대고 주름을 세요
깃털을 부리로 쪼며 말리기도 하는데요

할아버지 부지깽이와 아버지의 지게 작대기를 피해 왔어요
허공에서 살아보는 것도 나쁘진 않아요

언제든 추락할 만반의 채비를 해둬요
떨어질 힘만은 늘 넉넉하게 갖고 있던 터라 ✦

— 『현대시학』 2008년 1월호

고양이

장미아파트 잔디 위를 어슬렁거리는
너는 잡종이다
네 발로 걷는 네가 두 발보다는 섹시하다
근육의 발달을 보니 어려서부터 논밭에서 뒹굴었구나
네 삼각형 머리의 중심에 나는 방점을 찍는다
네가 평생 찾아 어슬렁거리는 폼이라니
새벽 네 시면 어둠을 깨우는
아버지가 때리는 종소리 같은
울컥!
오늘은 비와 함께 천둥과 번개가 칠 것 같다
지난밤 숨어버린 달
달의 큰 눈의 먼지가 비에 씻겨 내려갈 것이다
너는 작은 귓불을 문질러 신을 부르고
많은 것을 담아둘 수 없는 귀
어제 들은 소문의 진상에 대해 너는 관심이 없다
두 번째 인내를 시험할 뿐

네 발로 걷는

네가

ⓒ PSH

두 발보다는

섹시하다

큰 물결

작은 쓰라림도

담백하게 받아들이리

ⓒ 이희림 시인

수많은 파도가

부딪쳐 갈라지고

부서지고 찢어져도

한 번 더 참을 수만 있다면 너는 무죄다
너의 주머니는 비어 있으니 그의 직관은 빗나갔다
할머니는 내게 말씀하셨지
앉아서 3천 리, 서서 2만 리를 봐야 한다고
너는 생각하지 않는다
행동은 앞서 갈 뿐이고
인식할 뿐이다
네 콧잔등의 점에 흔들리는 너를 나는 무시한다
너는 무덤으로 갔을 뿐이고
나는 사원에서 잠잠할 따름이다

혼자만 행동하는 너
무서운 나를 어쩌면 좋으니
네발로 쓰레기통을 기웃거리며 메모리를 부르는 너
  너는 영국의 뮤지컬 작곡가 웨버와 T. S. 엘리엇을 향해
고개숙인다 정중하게 ✈   —『둥근 것들의 이야기』

촛대바위에서

 기를 받고 싶어 남한산성 정동방으로부터 200km를 쉬지 않고 달려 왔다
 깊이를 알 수 없는 푸른 물은 제 길로 흐르고 있다
 나도 한 길로 향하리라
 내 앞에 앉아 있는 당신 하나만을 섬기기로 가슴에 손바닥 지문을 새긴다

 큰 물결 작은 쓰라림도 담백하게 받아들이리
 수많은 파도가 부딪쳐 갈라지고 부서지고 찢어져도
 하얀 피를 흘리고 거품을 물고 울분을 토해도
 내장을 들추고 바람에 깎여도 미인처럼 걸어가는구나

 파도의 말에 귀를 기울인다
 하나만을 사랑한 자를 의심하지 마라
 너를 키우기 위해 먼저 난 이의 심한 두통을 감싸 안으라
 파도 속에 해파리, 미역, 성게, 따개비와 같이 물결의 말

에 몸을 맡기라

  나는 먼저 난 이와 촛대바위 위의 해국을 읽는다
  바람을 견디느라 두터운 잎
  잎과 잎 사이에 핀 보랏빛 미소를 망원경으로 본다
  파도와 바람 소리를 들으며 죽기까지 보고 섰다

― 『어디에도 없는 꿈의 자리』

붉은 가슴 울새

울던 날도 많았다
고아라고 믿었기에
비겁했던 날도 많았다
로템나무 밑에 앉아
구름이 피고 지는 것이 한눈에 들어왔다
풀들이 누웠던 자리까지 하나도 잊지 않고
기억해 냈다

현무암에 부딪쳐 팔꿈치도 부러졌다
오른팔을 쓸 수 없어
쓰는 일은 포기해야 했다

그가 있던 자리는 섬의 감옥
사시사철 덤불과
껌껌한 어둠이 짙게 깔려 있었다

나는 붉은 가슴 울새
버넷의 비밀의 화원으로 간다
시큰둥한 메리부터 찾아가자
메리와 같이 노래를 부르자
'거꾸로 강을 거슬러 오르는 저 힘찬 연어들처럼'

—『제주 뉴스』

패닉

똥이 마린데
나오지 않아

설 수도
앉을 수도 없어

뒤로 물러설 수도
앞으로 나가지도 못해

오른손의 약은 수렁 속에
털어 넣지 못하고

왼손의 물은
삼키지를 못해 ✈

— 『유심』 2009년

LTE day

한라와 백두의 배꼽에 무덤을 팠던 책.

짓는 개와는 애당초 못 살겠다 했지만 여린 두 묘목이 사각모자를 쓰기까지 길이 참았다가 심도 장화리 일몰이 서늘할 때 관계를 끝장냈다.

홀로 된 책.

혼자 밥을 먹고, 혼자 걷다가, 홀로 간 지 며칠 만에 모자에게 화장실에서 발견되었다. 쓰레기를 다 버리지도 못했는데……

봄날 18일 일요일 남은 언니 두 명은 부평승화원에서 한 됫박도 안 된다며 혀를 찰 때 시인시각의 처냥잎 닮은 심장도 멈춰 아무 망설임 없이 문학의 전당으로 갔다. 하루 종일 혀끝에는 읽을거리가 많다더니 등이 곧은 닮은꼴들은 하나님도 꼭 필요하기만 한지 일찍 데려갔다.

대목장이면 타자에게 알바를 시킨 책.

타자는 아르바이트 비로 내 생애 처음 사서 읽은 루이제 린저의 『생의 한가운데』에서 『빙점』을 읽으며, 스피드 스케이트를 타고 달리며, 미끄러지며, 멍이 들면서도 좁은 문만 탐한 고혈압형 중심도 당신들을 따라갈 준비를 마쳤다.

서향 백호가 사는 마니산을 뚜벅뚜벅 넘어오던 안개의 발걸음 소리에 불안했던 유년의 타자가 들던 뇌우, 반 백 년 전의 일이 어제 일 같은 오늘 사원 3층에서 헤이즐넛 커피 향에 취해 잃어버린 가고도의 거울을 읽는 영장산자락에서 고호의 밀밭의 까마귀 사선으로 날았다.

— 『다층』 2013년 봄호

연미정에서

공부했다.

1.8km 남북의 최단거리 안에 섰다.

타자, 고향을 모르고 살았다.

유년, 타자의 귀청을 때렸던 이북 방송 소리는 꿈속에서 전쟁이 터졌고 어린 타자는 피난을 가느라 안간힘을 썼지만 떨어지지 않는 발, 아버지는 사랑방 아궁이에 숨었다.

타자, 고향도 모르고 살았다.

난생처음 민통선에 와서 읽는 임진강과 한강의 하이파이브는 팩 돌아서서 등만 보이고 서해바다로 염화강으로 멀어져 갔지만 타자, 물길 따라 태평양, 대서양, 지중해를 돌아와 제자리였다. 서향으로 고개를 돌리면 예성강이 유유히 흐르고 삼각주에 갇혀 풀등처럼 살았다.

조상의 뱃노래는 들리지 않고 노 젖는 풍경도 없다.

수직으로 쏘아 올린 것은 더 높이, 더 멀리 바벨탑만 무성해졌다.

서로 알아듣지 못 하는 말, 듣고 싶지 않은 말, 각자 자기

말만 했다.

 다시 손잡고 흔들 수 없는 별리 다시는 볼 일 없다고 인감만 찍었다.

 이유는 진실의 문제였다.

 개성까지 20분이면 직선거리로 닿는다는 제비 꼬리 닮은꼴 타자의 고향에서 510년 지난 느티나무 두 그루는 월곶돈대 안에서 바람에 흔들리지 않았다.

— 『다층』 2013년 봄호

새 책에게

전화 할 줄을 몰라서……,
엄마하고도 통화한 기억이 별로 없고
사내하고도 일 년 간 편지만 하고 결혼한 탓을 하며
이렇게 시작해야 할 것 같아

어렵게 시작된 일이었다
광화문에 내가 먼저 간 일이 여기까지 왔다
생각보다 행동이 앞서 가서
곤란이 많았지만
둘 다 성인이니 믿고 싶었다
그 믿음 때문이다

나무 맘 아프게 할 수 없었다
그 마음만 알고 앞으로 나아간다면
헤쳐 나가지 못할 일이 없을 줄 알아

난생 처음 반항하는 책이었지만
그가 믿는 것을 믿기로 했다
그 믿음 끝까지 흔들리지 말았으면 한다

참 좋은
만나기 쉽지 않은 성품도 가졌다
그런 그를 알아봤기에
시선이란 누구나 다 같을 수 없다
안 보이는 무엇인가를 읽을 줄 아는 눈과 맘이
서로가 가진 특권일지도 모르겠다

걱정하실 텐데
염려 없으시도록
둘 다 노력하고
제 철 과일 충분하게 잘 먹고
튼튼한 몸과 맘이기를

사랑만 하기에도 짧을 거야
아껴 먹는 사랑이기에
즐거운 식탁이 되기를 바라며
늘 기도하마 ✗

원룸에서

 질긴 장마를 타고 달려온 곳, 푸른곰팡이 핀 4평 원룸은 모남로 108번지 길가다.
 창문을 열면 족발집 둔덕에는 해당화가 핀 섬이다.
 골목에서는 숨어 피는 안개가 올라오고, 화장실에서도 이름도 낯도 모르는 이가 홀로 토하는 연기만 올라와 기관지만 약해지던 계절은 수돗물을 틀어놓고 전쟁 같은 이별 노래만 불렀다.
 창 밖 감나무의 감은 무게를 늘리고 색깔을 바꿨지만 태풍 메아리의 답은 무이파, 자두꽃으로 왔는데도 어쩌자고 내 심장은 자꾸 냉기만 들끓는다고 불편한 진실을 발설하지 않으면 안 되는가?
 하이마트, 고향에서조차 발 뻗지 못하고 폭우에 띠밀려 와서 어제 잠깐 만났던 유령의 묘혈, 1956번을 잊지 못하여 한 발자국도 옮기지 못하고 엉거주춤인가?
 고공 행진을 하는 월세로부터 다시 도망쳐 어떤 발도 찾아 올 수 없는 곳으로 가야만 하는데……. ✈ —『시인플러스』

에릭 오* 맘(윤혜선 님)께

비요일이어서 편지를 씁니다.
이름을 불러 써 보는 일도 하나의 발견 같습니다.
그렇듯 우리는 이름을 잊고 산 듯도 합니다.
요즘 며칠은 시골 가서 항아리를 발견하는 일로 축복이었습니다.
보리수나무와 등나무 사이에서 가둬 두었던 옥상에서 참 많은 항아리를 발견하고 집으로 데리고 왔습니다.
항아리의 상징은 여럿 있을 터이지만 어머니를 상징하기도 할 것 같아서 시심을 찾기도 하며 우기를 견딥니다.

참 오랜만에 써 보는 일기 같은……,
편지만 쓰다가 시인이 되어버린 일이 생각났습니다.
참 많은 것을 주는 글쓰기는 종종 우리를 견디게 합니다.
편지만 쓰다가 잃어버린 것도 많지만 현재의 타자를 있게 한 일도 편지 같습니다.
타자는 나다

랭보님의 문장에서 빌려 왔습니다.

종종 무료할 때 편지를 받아주는 입장이 되어 보겠습니다.
하루에도 몇 번씩 여는 메일인데 정작 깊이 있게 쓰지는 않았습니다.
편지란 놈은 감정이 있어서 후폭풍이 따르기도 하거든요
편지를 하다보면 정이 터져서……
情!
초코파이라고 합시다.
주체 할 수 없는 불상사가 번지기도 해서 안간힘을 쓰며 안 쓰고 견뎌왔던 일인데…….
늦은 답장을 두서없이 씁니다.

*에릭 오(오수형) 감독 : 설치미술, 전시, 독립단편애니메이션, 디즈니 픽사의 장편상업애니메이션까지 경계를 넘나들며 작품 활동 중이다. 그는 정해진 답 보단 함께 생각할 수 있는 열린 소통을 꿈꾼다.
현재 디즈니 픽사 〈몬스터 주식회사〉 근무

4부
가족
영원한
품

ⓒ 김민혜 피아니스트

가족

 사람들은 늘 '단란한 가족'을 꿈꾼다. 함께 있어도 각각의 공간에서 고치를 틀어 오붓함을 누릴 수 없는 현대인들에게는 더욱 소중한 꿈이 되어버렸다.

 마크 로마넥 감독의 『스토커』 영화에는 어느 단란한 가족의 구성원이 되기를 간절히 바라는 남자가 등장한다. 사진을 인화하며 혼자 살아가는 '싸이'다.

 그는 10년 넘게 그 일을 하면서 월요킨 가족에게 집착한다. 필름을 맡길 때마다 월요킨 가족사진을 한 장씩 더 인화해서 자신의 방 한 쪽에 붙여 놓는다. 싸이는 월요킨의 아이들과도 친하고 여주인을 좋아하기도 한다. 화목한 가정을 보면서 그는 그 집의 삼촌이 되고 싶어 한다. 그러던 어느 날 그 집의 남편인 월요킨이 다른 여자와 바람피우는 장면을 목격한다. 그는 가정을 지키게 하는 정의의 스토커가 되어 현장을 급습하고 남편을 가정으로 되돌려 보내 가족관계를 회복하게 한다. 마지막 장면에는 그가 월요킨 가족의 삼촌이 되어 가족사진 속에 함께 있는 것으로 영화는 끝난다. 영화는 새로운 가족 형태의 탄생을 예견하고 있는지도 모른다.

  오래 전부터 거실을 지키고 있는 나의 가족사진을 본다. 논골이라는 동네에서 죽기를 결심하고 방황했던 젊은 부부의 사연은 흔적도 없는 채 온화한 미소만이 두 아이를 감싸고 있다. 사진에는 30대의 젊은 내가 있고 머리카락이 빠지지 않은 남편과 천진한 두 아이가 있을 뿐이다. 가족사진에는 가족의 행복함만을 보관해두고 싶다는 의지가 엿보인다. 하지만 가족은 생각처럼 '평범한 행복'을 쉽게 선물하지 않는다. 일가를 이룬 남들처럼 되기 위해서는 무조건적인 사랑이 뿌리가 되어야 한다. 내 안의 수많은 이기심을 포기하고 이해심을 기르고 참아야만 얻을 수 있는 것들이다.

  30대의 나는 결혼하고 두 아이를 낳아 기르면서 '가족'이라는 보금자리를 지키기 위해 수많은 갈등과 싸운 날들이 더 많았다. 남편 직장을 따라 아이들을 데리고 타지로 이사 간 몇 해는 가족을 위해 모든 것을 희생해야 한다는 강박관념과 책임감에 짓눌려 행복을 깨닫지 못한 시간이었다.

  남편은 가족을 먹여 살리기 위해서라며 밤늦게 들어오기

평생

'단 한 명의 친구가

필요 했을

뿐입니다'

친구,

말벗이라고 할까요?

그런 친구를 찾아

사방팔방 헤맸습니다

가족은 생각처럼

'평범한 행복'을 쉽게

선물하지 않는다

일가를 이룬

남들처럼 되기 위해서는

무조건적인

사랑이 뿌리가 되어야 한다

를 반복하였고 식구들과 같이 하는 시간을 갖지 못했다. 방 한 칸에 세를 들어 사는 젊은 아내는 주인집과 주방을 같이 쓰면서 겪는 일을 못 견뎌했고 외로움과 싸우다 지치기 일쑤였다. 무언가 탈출구를 찾다가 아이를 유모차에 싣고 분식집을 하는 극성을 부리기도 했다. 끝내 위장병을 얻어 소화제와 탄산음료로 아픔을 달랬지만 마음 속이 텅 비어가는 느낌은 위장의 통증과 겹쳐져 점점 극심해질 뿐이었다. 그때 나는 살고 싶지 않다는 유혹에 빠졌다. 아이들의 앞날도 보이지 않는 것 같았고 공직에서 직위를 다져가는 남편에게 매달리기도 짐이 된다는 생각이 컸다. 밤마다 이혼을 결심했고 남편이 퇴근하면 무작정 집을 나와 길을 걸었다. 그때 남편은 나의 흔들림에 동요하지 않은 채 기다려주었다. 내가 겪는 고통과 외로움이 '자기 탓'이라며 오히려 용서를 빌었다.

그 후로도 여러 차례 가족 해체의 고비를 넘기면서 가족을 이루어 살아 온 지 30여 년이 되어간다. 위기의 고개를 넘을 때마다 아이들은 부쩍 자랐고 성장을 거듭하여 결혼을 말하는 나이가 되었다.

다시 나는 아이들을 보면서 '나'를 잃어가는 것이 두려워 고통스러워했던 30대를 돌아본다. 누군가의 딸이 나의 며느리로 들어와 한 가정의 아내로, 어머니로 태어나는 과정을 겪으면서 성장통을 앓는다면 도와주어야 한다고 마음먹는다. 높은 이혼율이 내 아이들만은 비켜가기를 바라는 이기심에서일까. 네 식구가 사는데도 네 개의 집을 원하는 세상이다.

혼자 사는 노인들, 노처녀, 노총각이 많아지고 고시원은 고시생만 사는 것이 아니라 혼자 사는 사람들로 붐빈다. 남에게 폐를 끼치지 않으려는 높은 도덕심도 좋지만 조금의 불편함도 참지 못하는 기질이 가족의 소중함을 느끼지 못하게 한다.

타인도 가족의 일원으로 받아들인 월요킨의 가족처럼, 핏줄이 아니지만 가족으로 동화된 싸이의 미소가 가슴에 색인되는 시간이다.

강화 소녀의 사연

『여행 스케치』 독자라면 누구나 알 법한 강화에 있는 전등사. 그 절을 가슴 한 복판에 소중하게 안고 서 있는 산이 정족산이다. 내가 다닌 고등학교는 정족산 엉덩이를 바라보고 우뚝 서 있다.

강남고등학교(강남영상미디어고등학교) 제1회 입학생이 됐던 나. 도로를, 하수구를 만들고, 운동장도 다듬고, 나무도 심었다.

봄이면 앞산 진달래 피어 남녀 공학이었던 우리의 가슴 가슴을 붉게 물들였다. 우리는 그 산에 가서 송충이를 잡아주어야 했고 솔방울을 주어 겨울에 탄 대신 난로에 지피며 양은 도시락을 데워 먹었다.

여고 2학년. 자아가 싹트고 어느 남학생이 어떻고 하며 편지와 쪽지가 오가던 시절, 가슴엔 노랑 분홍빛의 개나리 진달래가 피었다.

누구랑 누구는 어제 뒷산에 있었다. 얼 레리 꼴 레리…….

소문은 꼬리에 꼬리를 물고 교실 안과 밖을 물뱀처럼 기어다녔다.

그러던 어느 날 드디어 킹카가 나타났다. 우리 학교로 처음 부임한 총각 선생님이다. 영어를 담당하고 얼짱이다.

남모르는 가슴앓이는 밤잠을 앗아가고 차인태가 진행하는 '밤을 잊은 그대에게' 프로는 나의 친구였다.

그런데 부임한 지 얼마 되지 않았는데, 박총각 선생님이 군대에 간단다. '진달래 사뿐히 즈려밟고 가소서' 보내 드릴 수밖에 없었다.

그를 보내고 침묵으로 일그러진 낯에 미소가 이는 일이 일어났다.

편지가 온 것이다.

'많은 것이 내 머리를 스쳐 지나가는 고요한 밤이다'로 시작된 선생님이 보낸 편지는 계속된다.

너에 관한 상념을 적어볼까? 예쁘장한 얼굴에 단발머리, 또 어딘가에 있는 까만 점, 초롱초롱한 눈망울 그리고 약간 고집불통인 강화 깍쟁이인 너에게 편지를 쓰려하니 내 마음이 울렁울렁(?)거리는구나.

백지를 내면서도 얼굴 하나 안 변하던 모습, 정말 나는

봄이면

앞산 진달래 피어

남녀 공학이었던

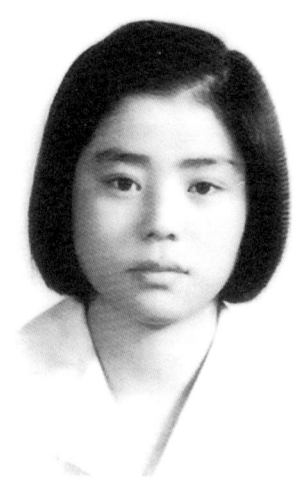

우리의

가슴가슴을 붉게

물들였다

꽤나 당황했었다. 너의 마음속의 움직임을 알 수 없었거든. 그런데 지금 알고 보니 수학여행 때문이었다고?

으……음, 고연(억양을 생각해서 읽으렴) 가까이 있으면 곤장 백 개쯤 치는 수고를 아끼지 않겠다만 이번엔 할 수 없이 용서해 주니 차후엔 선생님께 상세히 고하는 슬기를 가져보길…….

공부 잘혀, 아버지 어머니 속 썩히지 말고 말여, 알것지?
건강해라. 그럼, 이만.

두 번째 편지에는 선생님 자신에 대한 글이 있다.

나는 진실을 좋아하고, 진실하게 살려고 노력하고 있다.
왜냐하면 진실만이 영원한 것이기 때문이지.
헛된 영광을 위해서는 마음속의 공허를 메울 수 없었지.
여기서 나는 하나 깨달은 것이 있다.

순간적인 격정을 억제하고 승화할 때 짧고 강력한 만족에 비할 수 없는 그윽한 기쁨을 느낄 수 있다는 거지.

현 사회가 육체적인 것을 구하나 그러한 쾌락은 밑 빠진 독에 물을 붓는 헛된 수고임을 자각하고 그윽한 영적인 기쁨을 조용한 가운데서 찾는 지혜가 상존하길 빈다.

고 삼이니 공부 열심히 하고 자아를 늘 살펴서 자아 완성

에로의 전진이 있길 빈다.

 나는 그 동안 얼마나 진실하게 살아 왔는가?
 나는 영적인 것에 얼마나 공들이고 살고 있는가?
 스물여덟 해 전 그 글을 회색 속에서 꺼내 읽어보니 꽝하고 뒤통수를 치는 것만 같다.
 불씨가 있었구나.
 스승의 가르침은 영원히 살아 숨 쉬고 있는 것은 아닌지?
 떨어져 지낸 그 많은 시간 속에서도 우리에게는 실낱 같은 인연이 살아 숨 쉬고 있었다는 느낌이 든다.
 박선생님!
 지금 어디서 어떤 모습으로 영혼의 음성으로 가르치고 계시는지요.
 선생님 혹 선생님이 찾으실지 몰라 아직도 콧잔등에 까만 점 뽑지 못하는 제자가 여기 있답니다.
 뵙고 싶어요. ✯

― 『여행스케치』

정족산 일기

정족산

전등사가 있는 산이다

단군 세 아들이 쌓았다는 삼랑성도 있다

마당에서 바라보이는 정족산은 거울이다

산정 뒤로 가면 나타나는 조부모, 부모님 무덤이 있다

처음 내가 태어나기 전부터 나를 기다려온 산이 자란다

산이 자란 것인지, 내가 자란 것인지?

산자락에 온수교회 십자가의 나라와 전등사 사이 내가 있다

산자락 좌측에 보이는 길상초등학교는 산과 함께 자란다

그곳의 나는 47회 졸업생이다

아버지도 고모도 언니도 동생도 조카도 동문인 셈이다

봄이면 산에 가서 소나무 묘목을 심었다

상춘객을 따라가서 피리를 불어주고 한 잔 막걸리에 취해 오던 할아버지를 나는 닮았다

여름이면 꼴을 베다가 거름을 만들던 고사리 손이 있다

  길가에는 코스모스 묘종을 심었다

  소풍이면 산 어느 넓은 공터에 앉아 계란에 찐 밤을 까먹던 입이 참 많이 컸다

  삼랑성을 돌다보면 나타나는 학교와 저만치 돌면 다니던 중학교, 강남고등학교의 나는 첫회 입학, 졸업생이 됐다

  동생도 따라와 후배가 됐다

  산을 돌다보면 고등학교 때 수업을 땡땡이치고 친구 동네 가서 홍시를 따 먹던 입이 참 많이 컸다

  다루지 그 동네 입구에 들어서면 아버지가 가신 그 길의 끝이 있다

  아버지 묘 앞에 서서 굽어보면 넓게 퍼진 논을 건너 초피산도 보인다

  탁 트인 곳에 아버지는 집을 한 채 지어 놓았다

  거기 나도 묻히고 싶다

  우리들은 정족산을 빙 둘러싸고 둥글게 영근다

상 딸

'너는 나의 상 딸이다'

너무 가난한 청년에게 시집 안 간다는 내게 아버지는 그렇게 말씀하셨습니다.

'아버지가 하신 말씀이 맞겠지, 나보다 더 오래 사셨으니……' 그런 생각을 하고 결혼을 했습니다. 아버지는 한 번도 거짓말을 안 하셨다고 가신 지금도 나는 굳게 믿고 있기 때문입니다.

몇 년 전, 가시기 2년 전 '남동생에게 유산을 전부 증여해 주었다'는 유언 아닌 유언을 듣고 올림픽대로를 달려오면서 앞을 가리는 소낙비를 주먹으로 닦으며 '이대로 한강으로 추락해도 좋겠다' 싶던 날은 100km를 달려오던 내내 울었지요. '상 딸이라면서 그 많은 땅덩이 중 한 평도 남겨주지 않으시다니 속았다'는 심정뿐이어서 죽고만 싶었습니다.

그때 내게 상 딸이라고 해 준 말은 다섯 딸아이나 두었으니 나를 시집보내기 위한 문장이었다는 아버지의 거짓말이 들통 난 것만 같은 날이었습니다. 그런 아버지를 닮은 나도 사내아이 둘을 기르며 거짓말을 할 때는 사정없이 종아리를 회초리로 쳤고, 따귀를 때렸고 한 번은 둘째 아이 볼을 주먹으로 쳐서 아직도 볼이 욱씬거린다고 아이한테 혼났지만 후회하지 않습니다.

지난해 10월 느닷없이 하나밖에 없는 남동생, 혼자만 원기소를 먹고 자란 우리 집안의 삼대독자께서 꿀꺽해도 되는 친정 빈집을 내 놓은 것입니다. 초를 다투는 시간과 맘 때문에 다섯 자매를 대신해서 현금서비스를 받고 카드 론을 대출받아 동생이 원하는 만큼의 액수를 지불하고 집을 일단 제 앞으로 등기를 해놓았습니다. 다섯 자매가 조부모님부터 부모님이 세우고 사신 친정집을 지키자는 의견의 일치를 모았기 때문입니다. 나머지 자매에게는 가등기를 명했습니다.

그 후 말도 탈도 많은 일들이 지났습니다. 금전 앞에서는 형제자매도 없는지도 모를 일입니다만 어찌 됐든 30년도 더 지난 집을 지난주까지 쓰레기도 세 트럭이나 쓸어내고, 창도 새로 바꾸고, 슬래브 지붕에 페인트칠도 한 후 자매들에게 언제든지 가서 자신의 별장처럼 쓰라고 했습니다. 가신 아버지의 '상 딸'이라 내게 명명한 한 문장을 거짓말로 만들지 않기 위한 발버둥인지도 모를 일입니다.

아버지가 내게 향했던 믿음, 아마도 나는 그 한 문장을 붙들고 지난 생을 살아왔고 또 앞으로도 살아가야 할 의무 앞에 서 있는지도 모릅니다. 한 아들과 여섯 자매 중 제일 먼저 돌림자 회자를 내게 달아주신 그 뜻과 믿음을 저버리지 않을 일입니다. 당신이 지켜내고 이룬 모든 것 보이는 빈집으로 달려가서 당신을 만납니다.

정족산이 보이는 텃밭에서 고추모, 감자씨를 심다가, 새참으로 미역국을 먹다가 그대로 미끄러지신 아버지가 거기 계신 탓입니다.

이 봄 나도 빈집 텃밭에 가서 거름을 뿌리고 고추모를 심고 감자씨를 심으렵니다. 감자꽃이 피면 당신의 낯인 듯 반겨 맞을 일입니다. ✾

기침꽃

고골리의 외투를 입고 기침을 했다.

T. S. 엘리엇의 황무지 같았고, 매년 4월이면 꼭 심한 기침을 했다.

1980년 태어난 큰 아이가 돌을 맞고 채 일주일도 지나지 않아 뜨거운 물을 온 몸에 뒤집어쓰고 3도 화상을 입었다.

문학소녀의 꿈을 버리지 못한 나는 아이를 남편께 맡기고 단칸 셋방 다락방에서 뭔가를 끄적거리고 있던 터였다.

갑자기 방에서 들려오는 아이의 자지러지는 울음소리에 계단을 내려가니 남편의 얼굴은 울그락 푸르락 하고 어찌할 줄을 몰라했다.

나는 응급처치 책을 찾아 읽고, 아이를 수돗가에 안고 가서 물을 틀어 놓고 차분하게 화기를 식혀주었다.

그리고 읍내 의원으로 아이를 안고 가니 의사 선생님은 응급처치를 해주고는 쪽지를 하나 써 주며 서울로 가라고 했다.

그는 친정아버지가 교회로 전도한 의사이고 언니가 그 의원에 간호사로 일한 적이 있던 곳이며, 녀석을 낳을 때 부인이 아이를 받아준 곳이었다.

우리의 몰골이 어떠했는지, 놀라고 서두른 몸과 마음은 벌거벗은 듯, 초라하기 그지없는 형색이었다. 추리닝 차림이었던 것이다.

그때 서울로 가는 차비까지 주신 기억이 사라지지 않고 녀석이 커서 훌륭하게 되면 꼭 찾아뵙고 갚으리라는 다짐을 했다.

우리 세 식구는 그 길로 서울행 완행버스에 올라탔다.

아이는 쉬지 않고 울고, 우리 부부는 안절부절이었다.

승객의 불평도 눈에 귀에 들어오지 않았다.

봄 산야의 브리지를 한 듯한 아름다움도 나와는 거리가 멀었다.

아이의 입술은 검푸르게 변해갔다.

도착한 서울의 하늘도 회색빛이었다.

택시를 잡아타고 병원 순례는 시작되었다.

'병실 없습니다' 계속 당하는 거절과 함께 일몰의 시간이었다.

아이는 죽어가는 아픔을 견디고 있었다.

포기하고 절망하기 직전 받아준 국립의료원에 입원이 되었다.

밤마다 말 못하고 울기만 하는 아이를 업고 낭하를 서성였다.

나와 남편은 하루하루 말라가고 나의 위장은 시멘트바닥처럼 굳어갔다.

낮이면 낮마다 아이는 다라의 뜨거운 물에 담겨져서 진물에 말라버린 거즈를 불려서 벗기는 일의 반복은 못할 짓이었다.

퇴원을 해서도 밤마다 잠은 이룰 수 없고 우는 아이를 업고 동네를 돌았다.

결국 나는 '포상기태'라는 희귀병에 걸리고 신촌에 있는 병원에 입원을 하고 수술을 받았다.

아이는 중학생이 되고 고대병원에서 피부 이식수술을 받는데 듬직했다.

침대 위에서 수학문제를 풀고 교과서를 놓지 않았다. 표정도 밝았다.

의사도 '대견하다' 했다.

아이는 '10년 넘게 가려웠던 것에 비하면 공부는 너무 쉽다'는 몸짓이었다.

독일에 가서 치러지는

'국제생물올림피아드대회' 에서

아들은 우승했다

그리고

S대학

합격으로 이어졌다

고교 진학을 앞두고 아이는 '빚을 내서라도 학원을 보내주세요' 했다.

나는 빚을 내고 또 냈다. 120등 하던 아이는 결심이라도 선 듯 밤잠을 반납하고 일을 내기 시작하더니 3등 안에 들어와서 더 이상 밖으로 밀려나지 않았다. 학원에서는 오히려 장학금을 타 오며 동생의 학원비를 충당했다. '하고 싶어서 하는 공부'는 제 길을 만난 듯했다.

그러한 결과는 과학고에 입학이 되었다.

자정에 소등해야 하는 규칙을 어기고 아이는 '장롱 안에 들어가서 공부했다'는 소문을 들었다.

행운은 단기간에 연습해서 처음 우리나라에서 독일에 가서 치러지는 '국제생물올림피아드대회'에서 우승을 했던 거였다. 결과는 S대학 합격으로 이어졌다. 쉬운 일은 아니었다. 그렇게 되기까지 겹겹이 치러지는 시험은 연속이었지만 그 때마다 산을 오르며 길을 가면서도 아이의 손에서는 책이 떨어지지 않았다.

9년 간의 고등학교와 대학에서의 기숙사 생활을 청산하는 날, 그와 내가 짐을 싸고 집으로 돌아오는 발걸음은 남달랐다.

우리에게 주어진 훈장 같은 신분 상승의 타이틀은 '의사

와 의사 엄마'라는 것이었다. 그러나 그 껍질은 밖에서 보여지는 것이었다.

그와 내가 온 가족이 헤쳐 나가야 할 비난과 시기와 질투의 시선은 피할 길이 없었다. 색으로 표현하자면 보랏빛이고, 선은 경계의 회색빛이며 속은 푸른 멍이 든 것 같은 고독의 파랑색이었다.

영화감독 김기덕이 만들고 주인공을 한 『봄, 여름, 가을, 겨울 그리고 봄』 같은 시간의 연속이다. 주인공은 맷돌을 밧줄에 매어 허리에 묶고 산을 오른다. 뒤꿈치는 살 꺼풀이 벗겨지고 피가 난다. 오르는 길은 미끄럽고 자꾸 넘어진다.

도스토예프스키의 말처럼 고골리의 외투에서 나온 우리들 같다.

일산 호수공원 호수에는 바람이 불어 물은 출렁인다.

작은 오름 언덕에는 산수유나무가 등이 벗겨지고 살가죽 쭉쭉 벗겨져서 겨울을 나고 노란 꽃을 피워냈다. 토하거나 속이 아리고 시리도록 설사한 꽃들 같다.

눈이 닿은 곳마다 보이는 꽃들은 지난겨울을 잘 참고 견딘 자랑스러움으로 옷매무새를 단정하게 하고 우리 곁에 다가와 앉는다.

나는 단 한 그루 풀, 나무, 꽃들에게 경의를 표한다.
감사한다.
모두 심한 기침을 한 꽃이다.
감기를 겨우 내내 앓고 나온 기침꽃이다.

— 2005년 제20회 「경기여성 기 · 예 경진대회」 수상작

겨울에 태어난 녀석

둘째 녀석이 태어난 날이다.
마음 깊은 곳에 머무는 달 1월.
T. S. 엘리엇이 사망한 달이다.
세상에 없는 것 같은 달, 나도 태어난 달이다.

오늘 석촌 호수는 3분의 1이 얼어 있고 나는 코트를 입고 호수공원을 한 바퀴 돌며 녀석의 생일 아침밥도 지어주지 못한 것에 대한 회한이 깊다. 그 날은 오늘보다 더 추었다. 일요일이었고 교회를 가려던 참에 이슬이 비친 것을 발견하고는 첫 번째 출산이 아니라 자신감을 갖고 머리부터 감고 넉넉한 마음을 갖고 병원으로 향했다.

녀석이 뱃속에 있던 열 달은 평안하지 않았다. 의사가 아이를 갖지 말라는 충고를 거부하고 가졌던 터라 조심스러웠고 그럴 때마다 답답한 위장을 달래느라 면세 콜라를 상자 째 홀짝였던 때였다. 시골에서 서울까지 원정을 하며 요즘 자주 지나다니는 중구청 근처 와서 초음파도 촬영하였을 때 아이가 좀 작을 것이라는 것만 안 채 그래도 마음에 안심지수가 떨어져서 출산을 위해 의원이 아닌 병원을 찾았다.

  일요일 오전, 병원은 썰렁하다. 아무리 크고 이름 있는 병원을 요즘 가더라도 휴일은 적막인데 그날따라 지어진 지 오래 되지 않았고 적자였을 시골 병원의 한겨울 냉기는 가슴까지 파고든다. 산부를 침대에 눕혀 놓고 그곳이 저절로 다 찢어질 때까지 방치하고 있다. 생살이 찢어진다는 경험을 철저하게 체험하는 현장에 내가 있었다.

  남편도 병실 출입은 금지고 누구도 들어올 수 없고 간호사도 이따금 들어온다. 혼자 비명을 지르다 살을 찢다가 그렇게 산모는 지쳐 갔다. 첫째를 낳을 때와는 180도 다른 경험. 나는 '경험론자가 되고 싶다'던 평소의 생각을 철회하고 있다. 그렇게 몇 시간 만에 세상의 문은 열렸고 투쟁하듯 목숨을 걸고 녀석은 머리를 내밀고 있다. 오후 중반이다. 그 때서야 수술실로 옮겨지고 본격적인 출산을 하는데 연극배우 누구처럼 TV로 생생하게 방영되는 것도 아니고 혼자 치러지던 몇 시간은 몇 년이 지나는 것만 같다. 길고 지루한 시간은 견딜만하다. 어머니란 이름 때문이다. 생살이 찢어진 것도 모자라 마취를 안 하고 그곳을 꿰맨다. 예쁜이 수술이라고들 하던가? 예뻐지기 위해서는 참아야 했다. 그렇게 시멘트벽이 둘러쳐진 차가운 소수술 도구들이 즐비한 곳에 떨어진 후 나는 사시나무 떨듯 떤다. 온 몸이 저절로 흔들리다니 비바람 천둥번개에 흔들리는 나뭇잎 같다.

얼마를 그렇게 지냈던가, 집으로만 가고 싶은데 병원에 들어 온 이상 그럴 수도 없었다. 꼭 삼 일은 입원하고 있어야 했다. 바보스럽게도 왜 온돌방이 있는 의원으로 뛰쳐나가든가 집으로 갈 생각을 못했는지? 그곳에서 삼 일을 꼬박 떨었다.

칸딘스키는 원을 많이 그리면서 말한다.
'생이란, 처음이란 파동이라고' 말하자면 떨림인 것이다.

그렇게 둘째 녀석은 나의 떨림 한가운데서 툭 떨어졌다. 시멘트 위에. 뱃속에서부터 편치 않았을 녀석이 내가 떨었던 것 이상으로 떨렸을 것이다.

엄동설한이었으니, 일요일의 병원 수술실은 온기라곤 없었다.

그래서인지 지금도 녀석은 추위를 견디지 못한다. 똥도 푸르른 날이 많았고 얼마나 떨렸던지 심장도 약한지 어려서 놀이터에서 가족끼리 축구를 차다 보면 얼마 뛰지를 못하고 파래지던 입술을 목격해야 했다.

  역시 한 겨울에 태어난 나.
  나를 그렇게 이 땅에 툭 떨어뜨렸을 어머니한테 고맙다는 말 한마디 못한 바보스러움이 오늘을 울컥 건드린다. 늦잠으로 일어나지도 못하고 군복무를 위해 나가는 녀석에게 미역국도 안 끓여준 나는 누구인가?
  '엄마는 이기적이에요' 아이가 던지는 한 문장이 철문을 쾅 닫고 나간다.
  나는 자그마한 케이크를 하나 준비한다.
  저녁에 보자마자, '아무것도 필요 없어요. 현찰을 주세요' 당당한 요즘 아이들의 현실적인 계산이 맞는 것인지는 모르겠으나 나도 손해날 것은 없다. 당연히 주어야 할 것 같은 밥값과 교통비를 당겨 봉투 하나 내어밀어야겠다.

  바람이 차갑다.
  나는 구부렸다 펴지지 않는 다리를 끌고 호수 한 바퀴를 돌고 여전히 25년이 지난 지금도 시린 어깨에 침을 맞으러 가야겠다. ✯

—『송파문학』

괴로운 날

 어머니, 괴로운 날입니다. 11월 5일(수능날) 이후로 15일 만에 처음으로 크게 깨졌으니까요.

 원인은 제 안에 있습니다. 기본적으로 컨디션 관리에 문제가 있었지요. 전일 리포트 쓰느라 4시간밖에 자지 못했고 비를 맞아 몸살이 나는데 배탈에 설사까지 겹쳤으니까요.

 가장 큰 문제는 멍한 상태에서 제가 이익에 눈이 멀어 닥치는 대로 매매를 했다는 것입니다. 거기에 엎친 데 덮친 격으로 가끔씩 컴퓨터 실수까지 일어났습니다.

 시장도 급랭해 있었으니 정말 꼬이는 날이었지요. 깨지지 않는 것이 제일 중요한데 말이죠. 하지만 저는 계속 조금씩 나아지고 있습니다. 전보다는 확실히 안정도도 높고 (2주 동안 수익을 내며 지지했습니다) 수익이 났을 때는 그 폭이 크며 손실이 났을 경우 그 폭은 작아졌습니다.

 이제는 수익이 조금 적더라도 깨지지 않는 매매에 중심을 두고 열심히 해보려고 합니다.

 어머니, 주식을 나쁘게만 생각하지는 말아 주십시오. 제게는 이 일이 적성에 딱 맞습니다.

저는 시장을 대할 때 가장 생기가 솟으며, 하루를 열심히 보낼 에너지를 얻습니다. 시장은 저에게 참 많은 것을 생각하게 해주며, 제 두뇌를 활성화시켜 줍니다.

시장은 저를 반성하게 하며 겸손하게 만들어 줍니다. 시장은 저에게 우리나라에서 일어나는 모든 경제관련 문제를 실시간으로 공부할 수 있게 해줍니다. 장은 제가 주식하는 시간 외에 공부에 집중할 수 있게 동기를 부여해 줍니다.

시일이 조금 걸리더라도 반드시 이 난관을 돌파해 보고 싶습니다. 하루에 적어도 안정적으로 5% 정도씩 벌 수 있는 방법은 이미 마련해 두었습니다.

주식투자하는 사람들 중에서 95%의 패배자가 아닌 5% 안의 승자에 들 수 있는 방법은 이미 갖추고 있습니다.

단지, 올해까지 수익률 대회에서 열 손가락 안에 드는 사람들 안에 낄 수 있을 정도의 기법을 고안하기 위해 매일매일 싸움터에 나가는 심정으로 살고 있습니다.

어머니, 부디 아들을 믿고 기다려 주십시오. 마음을 편하게 가지십시오.

저는 제가 제일 좋아하는 경영, 비즈니스, 사업 분야에서 반드시 성공할 것입니다.

어머니께서 제게 준 자본금은 경영학과에 입학했을 때 받은 50만 원인가 100만 원뿐입니다.

그 외의 돈은 제가 아르바이트를 하고, 간간히 물건을 팔아 장사를 하고, 생활비를 최대한 줄이고 또 줄여 넣은 돈입니다. 특별 장학금을 받았던 돈이 한 번 포함되어 있고요.

다른 아이들 같았으면 놀고먹고 마시는데 탕진했을 돈을 저는 허리띠 졸라매고 공부하는 데 쓴 것입니다. 그것이 어머니께서 보시는 손실금액입니다. 제가 만일 어른이 되어 주식을 접했거나 조금 더 늦게 주식을 접했다면 손실폭은 몇 천만 원, 몇 억, 몇 십억 원으로 상상할 수 없었을 것입니다. 비교적 어리고 돈이 없을 때 철저히 실전에서 깨지며 매매법을 익히고 공부한 것은 훗날의 몇 억, 몇 십억 원을 구하고, 벌게 된 것이 될 것입니다.

때가 되면 저에게 날개를 달아 주십시오. 제가 현재 계좌에 있는 돈을 2배, 3배로 불리는 때서야 그 정도 금액을 운용할 것입니다.

어머니 아버지께 누를 끼치거나 폐가 되지 않을 것입니다.

불경기입니다

 수많은 사람들이 가난에 허덕이며 불우한 생활을 하고 있고 실업률은 사상 최고치에 도달했습니다. 매일같이 뉴스에는 빈곤 때문에 자살하는 소식이 들려옵니다.
 추위, 굶주림, 배고픔, 절망감에 많은 사람이 괴로워합니다.
 앞으로의 전망도 좋지 않습니다.
 기업은 장기적 관점에서 점점 취업문을 좁혀나갈 것이고 경쟁은 더욱 극심화될 것이며 사람들은 만인과의 투쟁을 벌여 나갈 것입니다.
 빈부 격차 또한 더 커질 것이고요. 하지만, 그렇다고 해서 누구 하나 그들에게 동전 하나 던져주지 않는 냉혹한 사회에 살고 있습니다. 몇 십억을 가진 부자도 십 원 한 장 도와주지 않습니다.
 아버지, 어머니.
 이런 세상에 의지하고 믿을 것이라고는(미래에도 더욱 그렇게 되겠지만) 오직 가족뿐입니다.

저는 아버지, 어머니, 형 생각만 하며 열심히 살아가고 있습니다. 어머니, 아버지, 형을 위해서라면, 친구를 못 사귀어도, 여자친구가 없어도 좋습니다. 철저히 혼자가 되어도 어떤 욕을 듣고 힘들어도 감수할 것입니다.

남들은 저에게 어떤 상처도 입힐 수 없습니다. 저에게 큰 상처를 줄 수 있는 분은 아버지와 어머니뿐입니다. 요즘 저는 아버지 어머니에게 안타까움을 느끼며, 아버지가 술에 취하시고 어머니가 가정을 소홀히 하실 때마다 상처를 받습니다.

우리 가족의 현실에 대해 불안감을 느낍니다. 불행히도 우리 가족은 아버지 어머니가 생각하시는 것처럼 안정적이지 못합니다. 약한 바람에도 우리는 앞서 말했던 비참하고 고달픈 사람들과 똑같이 될 수 있습니다. 조그만 사고가 닥치거나 아버지가 쓰러지는 일이라도 난다면, 그걸로 얼마든지 우리 집은 풍비박산이 날 수 있습니다.

그런 조그만 사고는 예고 없이 찾아옵니다. 하물며 큰 사고는 어떻겠습니까?

이번 달은 빚을 다 갚고 나니 남는 것이 없어 서비스 받는 실정이고 저는 몇 주째 때 묻은 같은 옷과 구멍 난 신발을 신고 다니는 실정입니다.

제발 눈을 떠 주십시오. 경각심을 가져 주십시오.

남들은 대부분 맞벌이로 매일같이 하루 종일 힘들고 고달픈 시간을 보내며 간신히 먹고 살아가고 있습니다. 우리는 그들과 처지가 비슷합니다. 서울에서 부잣집 여자들과, 좋은 학교 상위층 사람들을 만났다고 착각해서는 안 됩니다. 그들은 대부분 드러내지 않을 뿐, 20억 이상의 재산을 가지고 있는 부유한 사람들일 것입니다. 우리와는 다릅니다. 현실을 봐야 합니다.

우리는 상위 20%가 아닙니다. 하위 80%의 윗부분 정도에 속할 뿐입니다.

어머니가 아무리 많은 사람들과 사귄다 한들 우리가 어려워지면 누구 하나 도와주지 않을 것입니다. 믿을 것은 오직 가족뿐입니다. 제발 자식을 소중히 생각해 주십시오.

세상에서 제일 아버지 어머니를 사랑하고 생각해주는 자식의 마음을 도대체 왜 몰라주는 것입니까? 부디 새로운 것에 도전하시고 진취적이고 존경적인 모습을 보여주십시오.

어머니 아버지는 아직 젊습니다. 새로운 것에 도전하는 일을 나이 때문에 미룬다면, 좀 솔직해질 필요가 있습니다. 자신의 나태함이나 우유부단함을 합리화하기 위해 '나이 먹음'을 이용하고 있지는 않는지를 자신에게 물어봐야 합니다. 왜냐하면 십중팔구 스스로의 게으름을 합리화하는 강력한 도구의 하나로 연령에 그 부담을 지우는 사람들도 드물지 않기 때문입니다.

낭비를 줄이십시오. 낭비를 도려내지 않으면 우리 가족의 미래는 없습니다.

피 같은 돈이 술값으로 탕진되는 것은 정말 참을 수 없는 일입니다.

예전에 어머니는 아버지가 말단 공무원으로 월급 일십만 원 일 때도 월급의 반을 저금해 이 정도까지 키워 오셨습니다. 정말 훌륭한 일입니다. 그 일을 딱 3년만 더 해주시지 않으시겠습니까. 조금만 노력하시면, 한 달에 10만 원, 20만 원 저축하는 것도 충분히 가능하다고 봅니다. 그 뒤는 대학을 졸업한 저와 형이 맡을 것입니다.

하지만 지금은 샴페인을 터뜨리기엔 너무 이릅니다. 어머니는 제 학원비조차 선뜻 내주지 못하고 있는 실정입니다. 지금이 제게는 결정적인 순간입니다. 지금 제게 조금 더 투자하는 것이 나중에 몇 십 갑절 크게 돌아올 것이라 믿어 의심치 않습니다. 아버지 어머니와 집에서 편하게 생활하다 보면 한없이 나태해지기 쉽습니다. 성공할 때까지는 돌아가지 않겠습니다.

매일 24시간 초긴장 속에서 혹독히 수련을 하려고 합니다. 힘들고 괴롭습니다. 하지만 어머니 아버지를 보면 괴로웠던 시절을 너무 빨리 잊은 것 같아 안타깝고 상처받습니다.

  부디 제가 어머니 아버지를 사랑하는 마음을 이해해 주시고 빚을 내서라도 조금만 더 투자해 주십시오. 저는 정말 큰 사람이 되고 싶습니다. 아버지 어머니가 조금만 물을 뿌리고 정성을 들여 주시면, 조금만 신경 써 주시면 거목이 될 수 있습니다. 저는 제가 성공하리라 믿어 의심치 않습니다. 저는 믿음과 실력이 있습니다. 부디 어머니 아버지가 기반이 되어 주십시오. ✽

— 11월 16일 일요일 아들 올림

아버지

 아버지하면 먼저 떠오르는 것은 내가 어렸을 때 눈에 난 다래끼를 당신의 입으로 빨아 낫게 해주셨던 일이다.

 40년 전, 내가 어린 시절에는 눈에 다래끼가 수시로 났었다. 그 일은 중 고교 시절까지도 이어졌으니 문득 아버지께서 일곱 남매의 눈 다래끼의 환부를 빨아 낫게 해주는 일은 거의 매일이었을지도 모른다는 생각이 든다. 그때 아버지의 턱수염이 까칠하게 와 닿았던 느낌은 아직도 생생하다. 또 일곱 남매가 이를 갈며, 혹은 충치로 이가 망가졌을 때 실로 묶거나 벤치로 빼주시던 일도 다 아버지의 몫이었다. 정말 치과 의사보다도 더 나은 솜씨로 단번에 이를 빼 주신 일은 선수셨다. 아버지가 몇 년 전 칠순잔치를 했는데 그때 지난 얘기를 하며 우신 일이 있었다.

 군대에서 군목 밑에서 일을 봐주고 있었는데 하루는 된장이 조금 없어졌던 일로 아버지가 지목을 받으셨단다. 그래서 아버지는 결백을 주장하기 위해 당신의 손가락을 자르셨다는…… 잘라진 손가락을 보이시며 일생 동안 얼마

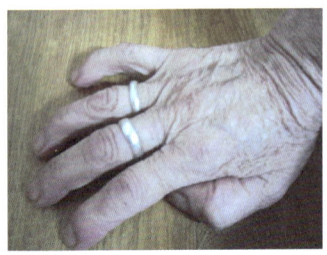

어머니와 할머니는 갈 햇살에 얼굴 피부는 밤색으로 변해

거북 등 같은 모습으로 갑골 문자를 새겨 넣은 것 같았다

넌 내 상 딸이다

나 잘라진 손가락으로 인해 추위에 떨었는지 고생이 심했는지 온 가족이 모인 곳에서 처음 고백을 하시며 엉엉 우셨다.

난 난생 처음 아버지의 우시는 모습을 보며 50년 가까이 침묵하며 버텨 오신 아버지의 꿋꿋한 정신이 이젠 더이상 버틸 기력이 없다고 느끼고 계신 것은 아닌가 슬퍼졌다.

그동안 아버지는 너무 강직하게 살아 오셨다. 늘 농토와 함께 계시며 기도하셨고 찬송을 부르며 힘든 일을 버티셨다. 동네 궂은일은 그의 몫인양 남들은 다 관광 버스를 대절해 놀러 가는 날에도 교회 뒷간을 치워내는 일이나 허물어진 곳을 고치는 일을 하셨다.

또 언젠가는 동네 과부의 일을 도와준 일이 있었다. 남자의 손이 가야 할 일 때문에 아버지가 돌봐 주시는 중 어머니께 들키셨는지 우리 자식들이 알게 되었다. 우리 자매들은 아버지가 늦바람이 난 것이 아니냐며 한바탕 소란을 피웠지만 역시 도와주신 것뿐이었다.

그것뿐이 아니다. 부모가 일찍 돌아가 아이들만 사는 집에 먹을 것을 여러 번 갖다 준 일 등은 남모르게 하셨지만 곧 들통이 나곤 하였다. 그리고 이웃에 부모가 다 있는 집 딸이 결혼에 실패해 왔을 때도 남 의식 않고 수양딸로 삼으셔 친딸에게보다도 더욱 잘해주며 회갑잔치 때에는 당신의 가장 가까이에 세워 가족사진을 찍으셨다.

나는 때로 종교인을 내세우며 이력서에 '기독교인'이라고 쓰지만 무엇을 실천하고 사는지 다시 한번 생각하게 된다. 그래서 아버지께서 몸으로 행하는 믿음을 닮아 보려고 애써 보았지만 더욱 죄인이며 바보만 되어 가는 것 같은 착각에 헤매었다.

'아버지' 그는 이제 말이 적어지셨다. 쇠하여지는 자신의 육신을 가만히 보고만 계신다. 그저 신의 섭리려니 하신다. 왜 영양제를 먹고, 보약을 먹어야 하는지를 의문하시며 노쇠에는 약이 없다는 진리를 몸소 보여주셨다. 늘 믿음을 갖고 진리와 함께 사시고 그 진리를 실천하며 사는 낙에 이십대 청춘이 벌써 늙어버린 것도 한 순간 꿈 같이 지나신 분. 그분이 나의 아버지이셨다. 그래서 그는 늘 진리 안에서 자유로웠다는 것을 난 안다. 그 자유 속에는 고독이 얼마나 크셨는지도 난 절실히 보아 왔기에 잠시 잠깐씩의 고독을 두려워하지 않고 다시 여고 시절의 여고생처럼 고독을 질겅 질겅 씹으며 즐기려 한다.

나의 머리 속에는 군대에서 의젓하게 찍으신 아버지의 사진 한 장이 살아 있다. 그의 당당한 모습이 돌아가시더라도 내 속에 살아 영원히 숨쉬게 될 것이다.

여럿 딸 중에도 '넌 내 상 딸이다'라고 하시며 결혼을 요구하셨던 아버지. 그 한마디에 학업도 중단하고 뒤 돌아서려던 내 마음이 녹아져 결혼을 결심했던 나. '난 언제까지나 그분의 뜻에 어긋나지 않게 살아야겠다'라는 다짐을 한다. 그리고 혼자 속으로 웅얼거려 본다.

  '아버지 사랑합니다'

— 2001년 8월 23일 『송파신문』

아버지의 생애 마지막 프로젝트

생애 마지막 프로젝트!

'운명은 많은 생물을 굴복 시키지만, 사람은 자신을 위험에 빠뜨린다.'

— w.h.오든, 모리가 좋아한 시인.

지난 금요일 친정에 벼 베기를 갔다.

일단 못 간다는 배수진부터 치고. 해야 할 일들을 바삐 마치고 수원 사는 동생을 내 차에 태우고 친정엘 갔다.

가는 길 가을은 벌써 저만치 달아나며 쫓아오라고 유혹하는 것만 같았지만 나의 하얀 차는 100km로 평일의 외각 도로를 쌩쌩 달려 48번 국도도 지나 벌써 초지대교를 넘고 있었다.

차 안에서는 가수 왁스의 4집 앨범 속의 노래 '관계'로부터 시작해 흐느적이는 재즈 풍에 몸을 싣고 과거로부터 오늘, 미래까지를 숨가쁘게 테이프는 돌고 또 돌았다.

나는 찬송가나 복음성가만을 접했을 목사 사모인 동생의

머리를 식혀준다는 명목이있었는데 혹시나 다시 찬송가를 찾으면 어쩌나 은근히 걱정까지 했다.

친정 입구 가까운 해안도로에서는 순무 김치에 순무, 고구마를 펼쳐 놓고 팔았다.

나와 동생은 다시 집으로 돌아갈 때는 해가 지고 파장이 될 것 같다며 순무를 두 단씩 샀다. 그렇게 친정에 닿으니 벌써 벼 베는 탈곡기의 굉음은 귀를 때리고 형부 부부나 동생 부부들은 탈곡된 벼 가마니를 들어 쌓고 늦은 나는 미안했다.

어머니와 할머니는 갈 햇살에 얼굴 피부는 밤색으로 변해 거북 등 같은 모습으로 갑골 문자를 새겨넣은 것 같았고 눈도 잘 안 보이시는지 100m 앞까지 가도 잘 알아보지 못했다.

그러나 예전과 다른 점은 고부간에 그렇게 댓돌에 어깨를 나란히 하고 앉아 있는 모습이 예사롭지 않게 보였다.

차라리 엄마는 할머니를 '친구'라 불렀다. 이상도 한 일이었다.

평생 원수 같아만 보이던 사이가 어느 날 친구로 변해 있었다.

난 언제쯤에나 시어머니와 친구가 될 수 있을까, 희망이 생겼다.

그런데 아버지가 보이지 않는다.

엄마한테 여쭈니 모른다 하시고 여전히 수십 번도 더 아버지 어디 갔냐. 하며 같은 노래의 반복이시다.

그렇게 보고 싶으세요. 하니 아니란다. 그냥 어디서 술 먹고 죽었으면 장사나 지내려고, 하신다. 그럼 어떻게 살 것이냐? 물으니 '친구가 있지 않느냐'며 할머니를 가리키신다.

아주 한참 만에 아버지가 드디어 나타나셨다.

자전거를 끌고 우리들이 벼 베는 논둑에 나타나셨다.

어디 갔다 왔냐고 하니 마을회관에 다녀오셨다고 하신다.

술에 취해 있으셨다. 앞 논 벼도 술 취했는지 쭉정이가 더 많았다.

바쁜데 둘째 어떻게 왔냐,며 큰 소리로 물으신다.

한 평생 70세 가까이까지도 술을 안 하셨는데, 요즘은 밥 대신 술로 끼니를 이신다 하신다.

그러고는 마을회관에 노인들과 모여 지난 생을 오는 생을 수다로 푸신단다.

지난 생은 맡은 직책상 술과는 거리가 멀었고 전혀 교회일 아니면 친교가 힘드셨던 것으로 안다. 그러고 나니 이제 늦은 나이에 소외감에 젖으신 것인지 술을 배우셨다.

내성적인 성격에 아무나 하고 말을 잘 트지 않는 성격에 사위들과도 별로 교통이 없으셨다. 그런데 술을 권하고 잔을 받아 마시면서 누구와도 소통을 하셨다.

차라리 술 잘하는 사위가 "아버지 술 마시는 것 보기 싫어서 술 끊는다"고 더 큰소리로 아버지 들으라고 소리를 질렀다.

곁에서 보던 이웃 친척 며느리 "아주 가족 분위기 좋다"고 한마디 거든다.

"아버지 돼지 한 마리 잡읍시다. 백 킬로그램짜리" 하면서 셋째 사위 아버지한테 기어오르고 아버지는 그래도 "사료 값은 줘야지 어떻게 공자로 먹으려느냐" 핀잔을 준다.

그럼 사위는 다시 "어떻게 그럴 수가 있어요, 사윈데 그냥 줘야지……"

한참 동안 승강이는 벌어지고……. 폭소의 바다에 난 서서 '모리가 함께한 화요일'을 생각해냈다.

아버지 생의 마지막 프로젝트구나.

누구나와의 소통을 위해서 죽는 줄도 모르고 술을 밥 대신 먹는구나.

입술은 시커멓고 몸은 검불 같이 방죽에 서서 이내 아버지는 내게 등을 보이셨다.

그리고 손등을 자꾸 눈으로 가져가 하염없는 눈물을 찍

어 내셨다.

내 열아홉이 아직도 살아 숨 쉬고 있는 방죽 가 갈대숲에서 아버지 눈은 빨간 토끼 눈이 됐다.

아버지 눈 닮은 내 눈도 이내 토끼 눈이 됐다.

으스름한 저녁 집으로 들어오니 아버지는 우리 딸들을 광으로 부르더니 콩이니 팥, 찹쌀, 쌀 무엇이든 다 갖고 갈 만큼 가지고 가라고 큰소리로 말씀하신다.

나는 들은 척 마는 척 아버지의 낡은 신은 신대로 사다리에 정리돼 있는 것을 찍고 낡은 연장은 연장대로, 솜방망이, 헌 칫솔 무더기, 그릇은 그릇대로 파출부가 정리한 것보다 더 정갈하게 소꿉놀이하는 아이처럼 정리를 해 놓으셨다.

나는 이 구석 저 구석 맘껏 비디오카메라에 담고 메모리 스틱에 저장을 하였다.

"야, 이 둘째야. 사진은 그만 찍고 뭣 좀 가져가라, 빨리 봉지를 가져와……. 저 녀석은 통 가져 가는데는 관심이 없어" 소리치신다.

나는 내가 불을 지피며 '낙양성 십리 허에' 하며 노래하던 건넌방 아궁이 앞에도 가 보았다.

이상한 노래를 부른다고 호통치던 젊은 아버지는 아직 거기에 그대로 계신 것만 같다.

  동네에서 제일 처음으로 손수 새 집을 짓고 목욕탕을 만들어주셨는데, 그 안에는 장작만이 그득 했다. 지난해부터 인가 죽음을 준비하는 것 같은 아버지.

  쌀을 차에 실을 수 없을 정도로 마구 갖고 가라 하셨다.

  콩도 반 가마니 한 가마니 마구 퍼 주신다. 엄마는 옆에서 씨앗까지 준다며 성화셨다.

  나도 금년에는 한 모임의 틀에서 좀 벗어나와 있다.

  세상에 나와 아픈 이들과 같이 해 본다고 그들의 얘기에 귀 기울여 봤다.

  나보다 못한 이들에게 시선을 돌릴 수 있는 여유도 가르쳐주시는 것 같았다. 아직은 난 아니지만 모리 같이 마지막을 준비하는 아버지가 눈에 선하다. 내년까지는 아니면 후년까지는 살아 계실지……. ✈

열여섯 번째 이사

이삿짐을 부려 놓고 정리하기를 게을리 한다. 워낙 정리하는 것을 어려서부터 배우지 않았다는 핑계를 삼는다. 결혼 전에는 오로지 단 한 집에서만 사는 것이 철칙인줄 알고 살았는데…….

결혼 후 100만 원짜리 전셋집으로부터 시작해 옮겨 다닌 횟수가 열여섯 번째나 된다. 지난주 다시 이사를 계획하고는 일부러 동사무소에 가서 초본을 한 장 떼어 달라고 부탁했다. 그동안 어디서 어디로 이사를 다녔는지 한 번 보고 싶었기 때문이었다.

강화에서 성남으로 그리고 서울 다시 분당으로…… 방세를 올려달라고 독촉을 받은 일도 없었는데 난 왜 그토록 한 곳에 머무르지 못했을까? 무엇을 찾아서 누구를 찾아서 그토록 한 곳에 맘 정하지 못하고 헤집고 다녔을까. 그때마다 이유는 있었겠지만 열 번 이상씩 옮겨야 할 만큼의 특별한 이유는 찾기 힘든 것 같다. '호기심' 그 단어 하나로 설명이 족할까? 새것에 대한 궁금증이 나에게 알게 한 것은 무엇이었을까.

　무엇을 배우는 일도 그러하다. 처음에는 끝까지 갈 것 같아 모든 재료를 다 사 모으고 야단법석이다가도 두세 달 후 곧 시들해진 나를 발견한다. 무엇이 나를 그토록 자꾸 다른 곳으로 시선을 옮기게 한 것일까. 왜 나는 모든 것에 금방 싫증을 내고 마는 것일까. 어느 면에서는 너무 끈질기게 한 곳에만 집중한 것도 없던 것은 아니었는데 99%는 그 반대였던 것을 발견한다.

　어릴 적에 '한 우물을 파야 한다'는 어른들의 말을 많이 듣고 자랐음에도 내겐 뛰어넘기 어려운 성역과도 같다. 남편은 한 직장에서 오로지 그 길만이 살길인 줄 알고 붙박이로 사는 것을 보고 존경스럽기까지 하다. 나도 진작에 무엇 한 가지만을 했더라면 전문가가 돼 있지 않을까 하는 후회가 있다. 운전부터 시작해 등공예, 미용, 아동지도, 신학, 이삿짐 꾸리는 것, 간병인 교육, 레크리에이션, 수필, 비디오촬영, 음식, 댄스, 노래, 탈춤 등…… 하지만 자신있는 부분은 단 한 가지도 없다.

　오로지 열정만으로 채워졌던 시간들이 내게 남긴 것은 무엇일까. 동분서주한 나를 보고 주위의 친구들은 늘 부럽다고 했다. 안하고 못하는 것이 하나도 없는 것 같이 보였던 모양이다. 그러나 나의 가족들은 어느 누구도 참으로 열심히 사시었소 하는 사람이 없다. 그렇다고 스스로 후회하는 것도 아니다. 열심히 배우려는 내 모습을 내 아이들이 닮았으면 하는 바램이다.

내겐 아직도 배우고 싶은 것들이 많아 채울 수 없는 우물과 같다. 지금 사는 곳 곁에 문화원이 건설되고 있다. 어쩌면 나를 위해서 공사가 진행되고 있다는 착각을 하고 있는지도 모르겠다. 나는 늘 이런 생각을 하며 지냈다. 마흔 다섯까지는 무엇이든 배우고, 이후에는 경험을 토대로 무엇인가 한 가지를 꼭 이루어내겠다는 나에 대한 믿음이 있었다.

그러나 라스트라인을 밟고 서 있는 내 망막에 나의 모습이 보인다. 이제는 철없던 꿈은 접고 세상을 어떻게 바라보고 동참할 것인지 결단해야 할 것 같다. 좀 더 성숙한 사람으로 사회를 벗삼으며 살고 싶다. 건강을 체크하며 조심스레 살아가야 할 나이임을 알면서도 나는 또 다른 목표를 세운다. 무엇을 하면 황혼역까지 갈 것인지…….

밤도 깊어진다. 새 날도 밝을 것이다. 그 전에 난 단 잠도 청해야 하며 그 속에서 단 꿈도 꿀 것이다. 이제는 더 이상 이사를 하지 않고 한 곳에 뿌리를 내리고 곁의 이웃과 알콩달콩 사촌하며 사는 재미를 누릴 것을 희망한다.

— 『송파신문』 2001년 12월 11일

빈집에서

정족산 거울을 보는 계절.
당신이 미역국을 먹다가 간 마루에서 당신을 생각합니다.
책 읽는 여자는 위험하여 왜 내가 읽은 책들은 한 권도 빠짐없이 똥색일까요?
거기에서 가스라도 뽑아 올릴 수 있다면 렌지에 불이라도 붙여 즐거운 식탁에 둘러앉을 수도 있을 텐데 오늘의 미친 짓은 카카오톡에서 모두 돌고 돌아갑니다.

리모주 상자가 열리니 전부 쏟아져 나오는 귀신들의 계절.
믿는다는 신께 비는 맘은 가지를 부러뜨리고, 꺾고, 밟는 일 외 더 이상 아무것도 아닙니다. 텃밭 잡초만도 못해, 당신들이 베면 베이고, 후려치면 맞고, 밟으면 밟힐 일밖에 남은 일은 없습니다. 풀의 왕국에 왕인 당신, 참 가엾습니다.

오늘따라 구름의 주식은 집 앞까지 밀려왔다 스르르 밀려 산을 넘어갈 때 나는 비를 맞습니다. 악귀의 낯은 험악

하고 더 이상 잃을 것이 없다는 듯 낫을 갖고 풀을 후려칩니다. 고들빼기는 끝내 흰 피를 흘리다가 검붉은 핏빛으로 변합니다. 풀의 가지들은 찢어질 듯 간당간당하게 당신나무에 매달려 있습니다. 언제 떨어져 나갈지 모르는 채 수신거절을 하고 스팸처리를 하며 당신이 열어 놓으신 문을 쾅 닫고 또 닫습니다.

'나는 안개다'로 시작된 소녀가 온수천을 따라 흐르고 초지대교를 지나고 한강으로 이어지는 물줄기를 생각하며 '자연스럽게 흐르도록 내버려두자'고 맹세하며 빈집에 앉아 진실을 위해서라면 목숨도 내놓고 콕콕 톡톡 자판만 때립니다.

헛간에서는 새끼틀을 돌리는 발이 있었는데 헛발질만 한 것은 아닌지 생각합니다.

외양간에서는 닭이 알을 낳고 소녀는 따듯한 알을 한 알 집어 양쪽에 젓가락으로 구멍을 내고 빨아 먹었습니다. 내 안으로 도는 온기가 당신 것인 듯 따듯하게 온몸에 피를 돌렸지요. 부엌에서는 가마솥에서 옥수수가 익고, 논으로 지게를 지고 나가다가 텃밭에서 순무 하나 뽑아 낫으로 베어 한 입 물면 맛의 순수한 모순으로 읽혔지요.

벼를 베고 뒤집어 말리고 단을 묶으며 저 별은 나의 별 저 별은 당신의 별 노래를 밤이 깊도록 불렀지요. 그때 아버지는 볏단을 쌓고 나는 투포환 선수답게 던지면 하늘 높은 줄 모르고 올라가던 벼 낟가리 위의 당신은 바로 하나님이었는데 차마 가까이 가서 닿을 수 없는 곳에 계신 당신. 생전 거짓말 한 번 하는 것, 쌍스런 말 한마디 들어보지 못했는데 권모와 술수의 나라에서 나는 도회지에서 만나지 못했던 별을 여기서 만남은 당신의 성역이기 때문인 까닭입니다. 그런 당신의 노래는 '내 주를 가까이'였는데 그님 가까이에 계시니 좋으신지요?

당신 가까이가 유독 그리운 계절.

어찌하다 당신께서 그렇게 서둘러 '주께로 가까이' 가신 줄 이제야 알 것 같습니다.

잃을 것이 없다는 가지들이 잃을 것이 많다는 나의 바짓가랑이를 잡고 놓지 않지만, 나의 동굴로 가는 터널 안에 빛이 들어와 액셀러레이터를 더 힘차게 밟으며 터널을 빠져나가려 하지만 그만 타이어가 펑크가 났습니다. 빈집에 없는 새 타이어, 재생 타이어라도 구해 봐야 할 것 같습니다. 유통기한은 얼마나 남아 있을까요?

— 『문학나무』 2011년 가을호

타자만의 방에서

 '하얀 겨울에 떠나요'라는 가수 최백호의 노래를 부르며 당신을 떠납니다. 떠나와 바라보는 창밖 청계산의 서설은 타자의 머리카락 같습니다.

 금술 좋은 우리들의 독설은 『누가 버지니아 울프를 두려워하랴』에 등장하는 짖기와 외설에 맞닿아 있습니다. 초파리가 문제였지만 추우면 숨어버리는 초파리가 중요했을까요?

 실재 이스라엘 스파이 출신 제작자가 제작한 영화 『미스터 & 미세스 스미스』에 나오는 부부 킬러 안젤리나 졸리(제인)와 브래드 피트(존)는 격렬한 투쟁 후 피를 본 뒤에야 맛보는 가장 순한 살맛과 우리들은 또 오버랩됩니다.

 내 생애 처음 담가본 효소였습니다. 만병통치약 같은 효소는 유행이었으므로 고혈압, 당뇨로 현저하게 떨어져가는 당신 삶의 질을 걱정했던 탓입니다. 어쨌든 작은 아파

스피드 스케이트를 타고

빙판을 달리는 여고생에게

'차나 한 잔 하자'며

말을 걸어왔던 것도 같은데

이름도 얼굴도 모르는

학생은 누구였을까요?

겨울 나무에서는

새가 떨어져 죽고

찬 비에 젖은 죽은

캄보디아 킬링필드

작은 새 한 마리 곁에

버지니아가

모로 눕습니다

트 안에 날아다니는 초파리는 여름부터 가을까지 골칫거리였습니다. 시골 빈 집 옥상에서 발견한 항아리 12개는 가신 부모를 만난 듯 반갑기만 해서 욕심을 냈습니다.

댈러웨이 부인이 나오는 『디 아워스』를 읽습니다.
19세 때 2월 친정집 앞 온수천 빙판 밑으로 저벅저벅 걸어 들어가던 소녀를 생각하면, 코트 주머니 안을 돌로 채우고 허리끈을 질끈 묶은 채 우즈 강으로 두려움 없이 걸어 들어가는 버지니아와 오버랩됩니다.
'불우했으나 차갑지 않았고, 냉철했지만 따뜻함을 잃지 않았다. 가깝고도 쉬운 길이 있었으나 그리로 가지 않았으니, 그녀의 글은 줄곧 오름길이었다.' 레너드 울프의 문장처럼…….

오늘도 타자의 의식의 흐름은 버지니아가 떠내려간 물줄기를 따라 온수천을 지나 염화강으로 향합니다. 지난 가을에는 강화나들이길 인문학 걷기에 처음 동참했습니다. 온수천의 새벽 빙판을 달리던 소녀가 손에 잡힐 듯 말듯했던 온수천 건너 장흥리에 살았을 법한 선배는 스피드 스케이트를 타고 빙판을 달리는 여고생에게 '차나 한 잔 하자'며 말을 걸어왔던 것도 같은데 이름도 얼굴도 모르는 학생은 누구였을까요? 자손이 번성하라는 장흥리에는 해든 뮤지 움이 생겨 다녀왔는데 우리나라 7대 건축물에 뽑혔다니 경사였습니다. 또 지난해 처음 만난 친정동네 근처 감목관에 살고 있는 함민복 시인은 옛날 선배로 오버랩되기도 합니다.

'흐르는 저 강물을 바라보며 당신의 이름을 목 놓아 불러봅니다'라고 시작되는 유서를 남긴 채, 3월 28일 우즈강에 투신해 생을 마쳤던, 59세의 버지니아 울프를 다시 읽습니다. 비슷한 나이, 같은 계절입니다. 책 읽는 여자는 위험해서 파티 준비를 하지만 파랗게 만든 케이크는 쓰레기통에 던집니다. 아이를 맡기고 어느 호텔에 들어 네 병의 수면제를 침대 위에 펼쳐 놓지만 아마도 두 번째 자살 실패인지도 모를 일입니다. 아니 죽으려고 했을 때 맡긴 아이가 커서 작가가 되고 문학상을 받는 그날 5층 창 밖으로 몸을 던집니다. 댈러웨이 부인이 보는 앞에서 그가 걸치고 있던 잠옷 가운 같은 가운을 걸치고 푸른 장갑을 낀 채 이 글을 쓰고 있는 타자는 4층에 투숙했습니다. 우산의 독설, '가지도 않느냐, 투신도 안 하느냐'며 당긴 방아쇠에서 총알이 날아오고 어디선가 개가 컹컹 짖으니 개 발싸개 같은 어제였습니다.

겨울 나무에서는 새가 떨어져 죽고 찬 비에 젖은 죽은 작은 새 한 마리 곁에 버지니아가 모로 눕습니다. 풀 무덤에 노란 장미 네 송이 얹어주는 버지니아의 손이 있습니다. 파티를 위해 꽃을 샀고 맛난 음식을 만들었지만 아무도 반갑지 않습니다. 즐거운 식사는 없고, 병든 작가에게 친구나 친척은 가당치도 않습니다.

파티가 열리기 직전 지구는 굴러 떨어져 깨지고 자기만의 방이 필요했던 거울은 4층 오피스텔, TV도 인터넷도 안 되는 동굴 안에서 자판만 패기 위해 링거를 두 병이나 맞고 왔습니다.

첫 문장만 잘 잡히면 되는데 쉬운 일은 아닙니다. 마침 처절할 때 맞닥뜨린 시선은 시선과 충돌하고 입은 입과 꼭 닮은꼴끼리 부딪친 멜랑콜리한 하루가 저뭅니다.

또 『디 아워스(The Hours)』를 봅니다.
하루 동안 천 년을 산 것도 같습니다. 출판업자에게 철자법 한두 개, 냉정한 당신에게 침실에까지 침투한 초파리 몇 마리는 중요할 수도 있겠지만 허상입니다. 당신의 애인이 문학상을 탄다는 것은 중요할 수도 있겠지만 부질없는

헐벗은 겨울 나무가 바라는 일은 일어나지 않길 빕니다

짓입니다. 시선의 향방은 먼 곳에 있고, 몸도 다른 곳으로 걸어가고 있습니다.

거울은 깨졌습니다. 박살난 유리 파편에 심장이 찔리고 피가 철철 흐르지만 무덤덤합니다. 무엇에도 놀랍지 않고 안정제만 삼킵니다. 죽은 듯 잠들기 위에서…….

가신 아버지는 기도 말미마다 전생을 믿음에 바쳤지만 항상 '나는 아무 공로 없사오나'로 마쳤습니다. 영혼의 문제까지 이 계절은 평생 믿음에 대한 배신으로 심신을 저수지의 개처럼 추락시켰습니다.

삶에 지쳤을 때, 벽에 못질당하는 일도 신물이 날 때, 건물 벽에서 시계를 뗍니다.

'자기만의 방'에 대한 대가는 크기만 합니다. 이 일로 지구가 두 쪽 날 수도 있습니다. 반백 생 지나 얻은 자기만의 방 하나가 타자를 구원할까요? 이제 해야 할 일이 정해진 것 같습니다. 헐벗은 겨울 나무가 바라는 일은 일어나지 않길 빕니다. 삐딱이의 봄이 문 밖에서 노크를 하는 것만 같습니다.

약간의 필요비용은 창조적 이불이 덮어줄 것입니다. 타자에게는 추억이란 릴케의 보물창고로 열릴 테니까요. 우뇌형인 타자, 계산할 줄도 모르고……. ✈ ―『월간문학』 2014년 2월호

혀끝에 매달린 송파

20년 전 라면을 먹어도 아이들 공부를 시켜야 한다며 잠실 2단지에 전세들어간 일이 송파와 맺게 된 첫 인연이다. 아이들은 초등학교나, 유치원을 울타리 안에서 안전하게 보낼 수 있었고 엄마들은 엄마들끼리 저층 아파트 계단에 앉아 밤 깊어가는 줄 모르고 이야기꽃을 피웠다.

마침 원고청탁을 받은 시간 '송파사랑'이라는 이름으로 온 메일을 연다. 송파구청장님이 보내신 감사 메일이다. 나를 키운 팔 할은 송파가 아닐까 싶다. 그곳에서 두 아이는 잘 자랐고, 나도 문학에 입문하여 수필가와 시인으로서 시집 『하루종일 혀끝에』 한 권 상재했으니 깊은 인연이 아닐 수 없다. 나는 연기緣起라고 표현한다. 우연으로 만나 세 번 이상 송파를 나왔다 다시 들어갔다 하였으니 필연의 관계요, 다섯 번 이상 우리는 만났으니 인연인 셈이다. 인연이란 가족관계를 말한다는데 나도 모르는 사이 나는 송파 가족의 일원이 된 셈이다.

10년 전 수필을 배우던 동지들은 처음 산정에 모여 발기회를 했다. 그때 참여한 주부들은 현재 모두 작가가 됐다. 우연찮게 며칠 전에는 이력을 살펴보았다. 1995년 송파구 백일장, 2000년 송파구민 독서경진대회에서도 상을 탔다는 내용이 있다. 동안 덮어두었던 내용들인데 오늘의 나를 있게 한 것이 그때 벌써 태동한 것이다. 송파라는 울타리, 어머니 자궁 같은 매트릭스였던 셈이다.

영화 이퀼리브리엄은 '매트릭스는 잊어라' 한다. 알을 깨고 나왔으면 가족이란 같이 자라나야 하는 것이다. 언젠가 큰아이가 엄마한테 '엄마가 자라고 계시군요' 했을 때, 아이들이 안 보는 것 같지만 부모가 아이의 자람을 지켜보듯, 아이들도 부모들이 자라는지 지켜본다는 사실이다. 이번 시집을 묶는데 갑자기 했다. 등단 후 3년도 안 됐는데 호기심이 바닥난 나는 주저앉았다. 죽을 수도 살 수도 없는 엉거주춤한 상태였다. 생각보다 행동이 빠른 나는 40편 되는 시詩를 가지고 감히 책을 묶겠다는 행동으로 나갔다. 적어도 60편이 돼야 한다는데, 인터넷상에 등단 전 올려놨던 떠다니는 내 글들까지 불러들였다. 나의 분신 같은 소중한 가족이었던 셈이다. 그리고 30편을 마구잡이로 썼다. 쓰레기 같은 것이었다. 흩어진 감정들, 찢긴 심장들, 꺾어

10년 전 수필을 배우던 동지들은 처음 산정에 모여 발기회를 했다

그때 참여한 주부들은 현재 모두 작가가 됐다

진 뼛조각들이었다. 모두 성하지 못한 것을 가지고 물건 하나 만드는데 족히 기다려준 이가 고맙다. 나 또한 그의 가족의 일원이 되었기 때문일 것이다.

  인연, 송파가 있었기에 오늘의 내가 있어 오늘 온종일 혀 끝에는 송파사랑이 매달려 있다.

— 『아름다운 인연』

검은 책

 책은 한라와 백두 배꼽 자락에 무덤을 팠다.
 애당초 짓는 개와는 못 살겠다 했지만 눈이 큰 절뚝이, 책의 뿌리는 용납할 수 없는 일이었다. 타자의 유년 책이 사는 화도 마니산자락에 갔다가 산을 뚜벅뚜벅 넘어오는 안개의 발걸음 소리는 뇌우를 몰고 왔고 소녀, 소낙비를 흠뻑 맞았다.

 책은 생선 비린내를 머리에 이고 다니며 행상을 하다가 따듯한 동네에 슈퍼를 차렸다. 대목장이면 여고생이던 타자에게 아르바이트를 시키고 준 알바 비로 타자는 루이제 린저의 『생의 한가운데』를 샀다. 『빙점』과 함께 스피드 스케이트를 타고 새벽 빙판을 달리며 아다모의 눈이 내리네를 열창했다. 뒤꿈치는 헐고 피를 보고야 말았지만 미끄러지며 멍이 들어도 타자의 물길 따라 흐르기는 멈추지 않아 터키로 가서는 그리스로 향하는 지중해를 밤새 건너기도 했다. 홍콩에서 마카오로 가는 배 안에서는 태평양도 건너며 타자는 불안을 잠식시켰다.

 검은 책은 어린 두 묘목이 사각모자를 쓰기까지 참았지만 강화 서록 장화리 일몰이 서늘할 때 관계를 끝장냈다. 타자는 통쾌했다. 마니산을 넘어오던 안개의 발걸음 소리, 무장한 점령군 같던 불안이 끝장을 봤기 때문이었다. 여름이면 성산 정상에서 따 먹던 처낭 속 고소한 맛의 뿌리가 밝혀졌다.

 백호가 사는 서향에서 책은 혼자 밥을 먹고, 혼자 걷다가, 홀로 간 줄 아무도 몰랐다. 모자들이 지팡이로 문을 부수고 들어가서야 책장이 닫혔는지 알았다. 지난해 봄 18일 일요일 부평 승화원에서 책을 마지막으로 보낸 언니 두 명은 '한 됫박도 안 된다'며 혀를 찰 때 시인 시각의 심장도 멈췄다는 뉴스를 들었다. 하루종일 혀끝에는 읽을거리도 많다더니 보너스도 필요 없다더니 아무 망설임 없이 문학의 전당으로 갔다. 일백 권의 시집을 냈다고 초청한 자리에 가서 빛내지 못한 아쉬움이 컸다.

 하나님도 타자의 닮은꼴, 곧은 성정을 가진 책들이 무척 필요했던 모양이었다. 유일한 타자의 편, 뿌리의 열 손가

ⓒ 유경렬

산을 뚜벅뚜벅 넘어오는 안개의 발걸음 소리는
뇌우를 몰고 왔고 소녀, 소낙비를 흠뻑 맞았다

락 중 여섯 명은 먼저 갔지만 남은 네 명 중 마지막 새끼손가락이 먼저 갈 줄은 아무도 몰랐다. 닮은꼴은 불안감을 안고 심장 촬영을 했다. 고혈압형 심장을 가졌다고 의사는 사진을 해독했다. 점점 검은 책을 닮아가며 부풀어가는 배가 두렵다. 아니 저들을 따라갈 준비를 마쳤다. 마니산에서 따 먹던 깨금, 해즐넛 커피 향에 취해 휘청거리는 오후 사원 3층 자판기에서 성산을 닮은 영장산을 보며 400원 하는 냉커피 한 잔 속 기억의 끈은 타자를 어디로 데리고 가는 걸까?

맹산에서 고흐의 밀밭의 까마귀 닮은 새가 귀청을 때렸다.

가기 전에도 책은 언니의 칠순잔치를 해줬다.

즐거운 식탁을 마련해 놓고 한복을 곱게 해 입히고 자기보다 못 산다고 생일도 못 챙겨 먹는 언니를 위해 판을 벌렸던 책을 생각하면 아팠다. 타자를 아끼며 기업들의 학습도 맡겼던 타자에게 유일한 믿음이었던 책이었다. 가나안 농군학교를 나와 1960년대 멋쟁이 중에 상 멋쟁이였는데 탤런트 뺨치는 멋을 부렸는데 나무 한 그루 잘못 만나 망친 책의 내용에 대하여 할 말이 없다.

슈퍼가 한가하면 시장가 우물에 양은 냄비를 다 내놓고 쇠 수세미에 연탄재를 묻혀 냄비의 등 꺼풀을 하얗게 벗겨 놓고 환하게 웃던 모습, 기업이 무덤을 팔 때도 중심에 타자를 심어 놓고 장부를 맡겼던 책에 대하여 늦은 후회는 소용없다.

 책의 뿌리는 정족산으로 향하는 상춘객을 따라가서 호적을 불어주고 한 잔 막걸리 공술에 취해 휘청거렸어도 소풍 한 번 간 적 없는 재래시장에 살았던 검은 책의 속살을 닮은꼴 타자는 책을 푸른색으로 다시 칠해 볼까?
 책은 하늘나라에서 뿌리를 찾아 삼각주를 이루며 마저 버리지 못한 찌꺼기를 풀등에 내려놓았을까? ✶

—『한국수필』 2013년

예술은 기차다

나른한 일상에 찾아온 시인이 있었다.

오자마자 '예술은 고도의 사기다'로 시작된 강의는 고 백남준의 문장을 빌려온 첫 문장이었지만 나의 뒤통수를 치는 소울메이트가 됐다. 아무리 영원으로 잇댄 만남이라 해도 유한적일 수밖에 없는 노릇임을 우린 밝히 알았다. 그래서 모든 일은 일사천리로 진행되었다. 즐거운 식탁과 길 위에서의 만남과 이별은 찰나에 흘러갔다. 사기를 당한 것 같이.

그 후부터 책을 제대로 읽는데 바빠진 나는 서두르지 않을 수 없었다.

그 사이 아버지, 할머니, 어머니는 차례로 가셨다. 그들이 갔다는 것조차 인식하지 못한 채 그 빈 곳을 시라는 장르는 나를 깊이 있게 끌고 들어갔다.

"어디로 데리고 가는 거니?"

"너 가고 싶은 곳으로 가라."

지금 나는 어디로 가고 있는가? 자유로 향한 길이다.

보들레르의 '취하시오'에 취한 나를 장성한 두 아들은 '엄마는 할 일이 있어 걱정하지 않는다'는 말을 들었다. 누군가에게 걱정 끼치지 않는다는 것, 그것이 바로 옳게 사는 예술적인 삶이 아닐까 싶다.

이제 절반의 삶이 지났는지도 모른다.

부러진 팔로 아무것도 할 수 없는데, 책을 읽을 수 있다는 일은 시선과 부지런한 맘만으로도 족하다. 그래서 남은 생이 더욱 풍성해질 수 있다는 포만감으로 아침밥도 안 먹고 사원으로 가는 발걸음이 가볍다. 생은 짧을지라도 예술은 기차다.

지난 3년 동안 부지런히 달려왔다.

앞만 보고 달리느라 곁을 보지 못한 불찰을 시인하지 않을 수 없다.

그때 아니면 아무 것도 해낼 수 없을 것 같은 일들이 있었기 때문이다.

그 일들을 하면서 사내도 사원에서 기원하는데 길들였다.

그가 제일 먼저 빌려 온 책은 오슨 스콧 카드의 『당신도 헤리 포터를 쓸 수 있다』다. 그와 나는 누가 먼저랄 것도 없이 도서관으로 향한다. 이사를 29번째 하고 제일 먼저 한 일도 도서관에 가서 새로 등록을 한 일이다.

나는 태어났다

너를 알기 위해서

ⓒ 『뉴스한국』 안현희 기자

너의 이름을 부르기 위해서

자유여

집은 항상 도서관 가까운 곳에 구하는 것도 노하우다.

지난 현충일, 광복절에도 나는 도서관에 갔다. 문이 닫혀 있을 것이라는 생각을 잊었다. 먼저 다니던 도서관 앞에는 49제곱미터 되는 아파트도 장만해 두었다. 언젠가 혼자 남는다해도 불안하지 않다. 집은 잠만 자면 된다. 도서관의 책이 나의 서재고, 뒷산은 나의 공원이고 마을에 있는 영화관은 잘만 활용하면 조조에 할인권을 사용하면 단돈 일천 원에 따끈한 영화를 보고 집필에 활용할 수 있어 좋다.

예술이라는 장르가 바로 눈앞에 보이지는 않는다. 배고픈 일이나 마음은 풍성하다.

하지만 보이지 않는 것을 보는 눈이 필요하다. 앞을 내다본다는 것은 운동화를 몇 만 트럭 파는 일보다 한 편의 영화가 더 많은 수익 창출을 할 수 있잖은가? 수익의 문제만은 아니지만 말이다. 정신의 문제다. 가수 안치환의 자유도 있지만 프랑스 생드니 출신 폴 엘뤼아르(1895~1952) 시 「자유」를 인용하며 이 글을 맺는다.

중략……
태양이 녹슨은 연못 위에
달빛이 싱싱한 호수 위에

나는 너의 이름을 쓴다

들판 위에 지평선 위에
새들의 날개 위에
그리고 그늘진 풍차風車 위에
나는 너의 이름을 쓴다

새벽의 입김 위에
바다 위에 배 위에
미친 듯한 산 위에
……
구체적인 진실 위에
나는 너의 이름을 쓴다

그 한 마디 말의 힘으로
나는 내 일생을 다시 시작한다
나는 태어났다 너를 알기 위해서
너의 이름을 부르기 위해서
자유自由여.

— 『문학나눔』

친구거나 연인

같이 30년 쯤 됐다면 연인보다 친구라 함이 옳은 뜻은 아닐까 싶습니다.

이성관계가 그만큼 지났다면 연인이란 표현은 좀 어색합니다.

"우리 이혼할까요" 하다가 인천의 천재 시인 김영승 시 창작반에 그를 모시고 갔습니다.

37년 공직에 있던 그가 출근하지 아니하고 매일 같이 있기 시작하고부터 둘 사이는 삐걱거렸습니다. 늘 혼자 걷고, 읽고, 모든 것을 혼자 하다가 둘이 29번째 이삿짐을 싸고 나르는 일부터 어긋나기 시작했습니다. 28번은 나 혼자 했는데 단 한 번쯤은 도와줘야 하지 아니한가 하다가 결국 그는 책 상자를 들고 난 후 "엘보가 나갔다"며 엄살을 떨고 밖으로만 돌았습니다. 싸움기질에 약한 나는 혼자 위만 쓰렸습니다. 마침 작은 아들이 온 어느 주말 둘은 헤어지자고 했습니다. 그때 아들은 이쪽저쪽을 왔다 갔다 하면서 한 쪽을 달래 놓고 다른 한 쪽을 위로하고 자신이 솔로몬

왕이라도 된 듯 심판을 하며 "아빠가 이젠 엄마에게 자유를 줘야 한다. 혼자 여행도 보내라" 했습니다. 그러면서 "아빠에게 따로 용돈을 주고 주말마다 준다 하고 자신의 이름으로 통장이나 카드를 만들어 줄 테니 아빠 혼자 알아서 쓰라"는 다짐까지 하고 갔습니다. 그 후 직장으로 돌아가서도 괜찮으냐, 오늘은 무엇을 했느냐는 전화를 받고는 "시창작반에 데리고 갔더니 좋아하더라" 했더니 "잘했다"며 안심하는 눈치였습니다.

사내는 인셉션이나 매트릭스, 아바타 같은 SF소설을 쓰고 싶다는 갈망을 갖고 있는 그에게 나는 "소설을 쓰려면 詩부터 배워야 한다"고 시창작반에 데리고 갔습니다. 실은 다른 이유가 있습니다. 내가 문학모임에 갈 때 자꾸 따라오는 그를 자연스럽게 남은생 같이해야겠다는 의도가 깔려 있었습니다. 서로 밖으로 돌고 취미가 맞지 않다보면 어디서 어떻게 비틀어질지 모르는 유혹과 부표가 근처에는 너무 많이 있기 때문입니다. 첫 날 첫 시간부터 그는 너무 열심히 집중을 한 나머지 수업이 끝나자마자 혈당이 떨어지는 사태가 발생하고 "나를 모른 체하라"는 명에도 아랑곳하지 아니하고 다른 이들한테 "내 첩니다"며 소개를 하는 거였습니다. 그리하여 결국 점심값만 내고 말았지만 그가 취미, 동아리 반 한 곳을 정하고 같이 할 수 있다는 것이 참 다행스런 일이었습니다. 특히 김영승 시인은 수업 시간 내내 동요를 차용해 와 두 시간 이상 노래를 하며 철학을 전공한 그가 각국의 언어를 써 가며 철학적인 사색을 섞어가며 강의를 하는데 산을 탈 때마다 산자락에 내려올 때까지 동요를 부르는 그이와 맞아 떨어졌으니 다행이라 아니할 수 없습니다.

 그가 몇 달 전에는 내시경을 촬영한다고 가는데 "보호자를 데리고 오라" 했다며 그 보호자에 나를 지명하는 겁니다. 항상 그가 나의 보호자인 줄로만 알았는데, 주객이 전도된 이 사태를 어찌 황당하다 아니할 수 있습니까? 그래서 가능한 우리는 같은 취미를 갖기로 도모해 가는 중입니다. 그가 퇴직하기 몇 년 전부터 나는 일부러 주말이면 도서관에 모시고 갔습니다. 도서관 입구에 닿아서는 "이젠 각자 행동" 하며 나는 친구들과 수다를 떨다보면 차를 빼야 할 시간이 다 되어 오고 그는 "너무 볼 것이 많다"며 밤 10시가 넘어서 집에 오는 일이 늘어났습니다. 그동안 직장 생활로 읽지 못한 세상을 새로 읽느라고 너무 바빠진 것입니다. 그런데 그 갈래가 너무 많아 나는 심히 걱정이 됩니다. "한 가지만 하라"고 하지만 그는 욕심이 너무 많은가

봅니다. 그가 컴퓨터를 배우면서 가지고 온 아이디가 배불뚝이 이듯이 말입니다. 지금부터 단 한 가지만 열중한다고 해도 갈 길은 너무 먼데, 단 한 가지만이라도 잘 할 시간이 그리 많이 남아 있지 않은지도 혹시 모르기 때문입니다.

 친구, 말벗이라고 할까요?
 회사생활을 하던 사내들은 압니다. 몇십 년 같은 직장에서 근무했지만 서로 엇갈린 이해관계로 친구가 될 수 없었음을, 그래서 퇴직한 이들이 쓸쓸한지도 모르나 그 허망함을 채워 줄 수 있고 지난 일을 사색하며 뒤돌아보고 좀 더 단단한 것으로 빈 곳을 채우기에 보르헤스의 우주의 사원에서의 기원하는 일은 안성맞춤입니다. 그곳에 같이 간다는 것, 같은 곳을 바라보며 걷는다는 것, 누군가를 읽다가 쉴 때면 커피 한 잔 뽑아 건네며 마주본다는 것이 말은 없어도 다 아는 친구 사이입니다. 때로 투덜거리고 각각 식탁에서 다른 메뉴를 시켜 놓고 앉아 골고루 나눠 먹는 사이, 그런 친구 한 명 만난 것이 천운만 같아 싫지 않습니다. 도서관은 특히 히끼코 모리 같은 외톨이 은둔 형이 많은 곳인데 그런 대 우주 안에서 둘이라는 것은 참 보기 좋은 연인이고 친구 같아 자랑스러움 아닐까요? 거기에 보태 더 좋은 문장 한 구절 창조해 낸다면 시구 한 줄 찾아와 준다면 그가 뮤즈는 아닐지 싶습니다.

 평생 '단 한 명의 친구가 필요했을 뿐입니다' 그런 친구를 찾아 사방팔방 헤맸습니다.
 그런 친구가 나의 연인이었으면 더욱 좋겠습니다.
 동아리의 시대, 그가 참 좋은 짝꿍이면 더 바랄 것이 없고 아이들에게 걱정 끼치지 않을 것 같습니다. 같은 취미가 아니고는 함께 가기가 참 어려운 계절입니다. 우리의 연인들을 친구로 만들어 간다면 남은 생이 더없이 즐겁지 아니할까요? ✻

―『흔들리지 않는 숲』

나는 카프카였네

겁먹은 얼굴, 눈이 큰 초상화, 카프카의 첫 인상입니다.

사춘기의 나는 카프카였습니다. 겁도 많았고 카프카처럼 나를 억압하고 있는 아버지를 피하는 방법은 편지를 쓰는 일이었습니다. 편지는 내 생애 전부만 같았으니까요. 공부는 대충하고 밤새 라디오를 들으며 그곳에서 나오는 사연들을 끼적이는 딸을 향해 아버지는 '연애편지나 쓴다'고 소리 지르며 내 기타를 망치로 부쉈습니다. 그때 내 몸은 기타 몸통으로 부서져 내리고 신음의 진액이 코피로 흘러내렸습니다. 그래도 편지쓰기를 멈출 수는 없었습니다.

열여덟의 생일날 아침에도 코피는 미역국 속으로 떨어졌습니다. 온 신경이 들고 일어날 것처럼 예민해져서 아버지의 기침 소리에도 볼의 실핏줄은 벌떡거렸습니다. '기도하라' '일하기 싫으면 먹지도 마라' 아버지가 몰아세우는 가치 기준에 질려가던 나는 '학교 가기 싫어요' 반항했습니다. 딸 중에 공부 꽤나 하는 내가 학교를 안 간다니 아버지

아버지에게 여섯 명이나 되는

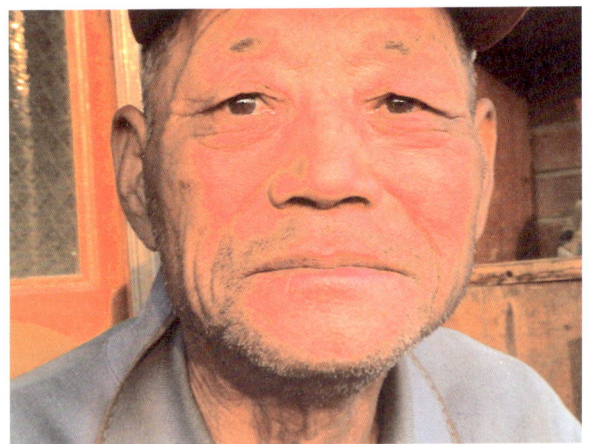

자녀의 교육비는 늘 골칫거리였고

농사일은

산더미같이 쌓였습니다

뉴질랜드에는 원주민 마오리족이 사는

로토루아에 바위가 있습니다

그 바위 속에서도

싹은 트고

나무가 자라 숲을 이루기까지 했습니다

아버지는 로토루아의 바위였습니다

가 속으로 기뻐하실 줄 알았습니다. 아버지에게 여섯 명이나 되는 자녀의 교육비는 늘 골칫거리였고 농사일은 산더미같이 쌓였습니다.

카프카의 누이는 아버지가 반대하는 결혼을 통해 정면충돌 하며 아버지를 고통스럽게 했습니다.

내 꿈과 아버지의 뜻은 처음부터 달랐다고 판단했습니다. 오로지 신앙심을 키우는 일과 땅 문서를 늘리는 일만 전부처럼 여기는 아버지를 따를 수 없었습니다. 방학도 없이 자식들을 깨워 새벽부터 밭에 불려나가야 했습니다. 학교를 다닐 때도 방과 후엔 온갖 농사일을 해야 했습니다. 벗어날 수 없는 노동과 아버지의 억압에서 갈등하며 죽음을 생각하기도 했습니다. 우연히 카프카에 대한 글을 읽고 나는 세상에 같은 부류의 사람이 있다는 사실에 위안을 받았습니다. 카프카는 변호사를 원하는 아버지의 뜻에 따라 법대에 갔고 아버지가 반대한다는 이유로 사귀던 아가씨와 결혼도 하지 못했습니다. 후에 카프카는 그러한 정신의 짐을 벗기 위해 '아버지에게 보내는 편지'를 책 한 권 분량 쓰지만 보내지는 못했습니다.

카프카에 반한 나는 카프카의 그림자로 살았습니다. 엄격한 의무감 뒤에 따르는 자학으로 자신을 갉아먹은 카프카처럼 나는 아버지의 숨막히는 요구들을 피하려 편지를

카프카에 반한 나는

카프카의 그림자로 살았습니다

엄격한 의무감 뒤에 따르는 지학으로

자신을 갉아먹은 카프카처럼

나는 아버지의 숨막히는 요구들을 피하려

편지를 쓰며 자신을 달랬습니다

쓰며 자신을 달랬습니다. 아버지를 피한 한밤중에는 남자친구에게 편지로 써서 보냈습니다. 못 공장 옆 이층집에 살던 남자친구와 반 친구들과 편지를 주고받으며 갖는 유대감은 기쁨이었습니다. 친구가 전부라고 믿게 해 주었던 편지는 서로의 마음을 열어보는 열쇠였습니다.

아버지를 위해서는 손 하나 까딱하지 않으면서 친구들을 위하는 일이라면 물불 가리지 않았다고 자책한 카프카와 나는 굴레를 쓴 청춘들이었습니다.

한 번도 터놓고 이야기를 한 적 없는, 고집불통의 아버지와 늘 서먹하고 냉담한 관계인 채 꿈을 키우기란 여간 벅찬 일이 아니었습니다.

바위처럼 단단하고 꽉꽉하기만 한 아버지의 뜻을 따르다가는 아무 것도 할 수 없을 거라고 느꼈습니다.

뉴질랜드에는 원주민 마오리족이 사는 로토루아에 바위가 있습니다. 그 바위 속에서도 싹은 트고 나무가 자라 숲을 이루기까지 했습니다. 아버지는 로토루아의 바위였습니다.

아버지의 뜻을 꺾어 보려 가출을 시도하고 경제적 독립을 한다며 공장에 취직도 했지만 실패로 끝난 채 나는 성인이 되었습니다. 결국 아버지가 바라는 신앙인도, 그 무엇도 되지 못한 나는 책 속에 묻혀 살 뿐이었습니다. 갖가지 좌충우돌을 지켜보시다가 나를 시집보내던 날 아버지는 "넌 나의 상 딸이다"라고 한마디를 하셨습니다. 어이없게도 그 한 마디가 내 가슴을 찔렀습니다. 그 동안의 나는 바위 안에서 싹트고 자란 나무였다는 사실을 깨닫게 되었습니다. "넌 말 수가 적어 좋다" 하시던 아버지.

보청기를 끼고도 전화 소리를 듣지 못하는 아버지에게 정말 편지를 써야 하는 시간이 왔습니다. 아버지의 기도 소리가 들리지 않는 먼 곳에 살다가 편지 쓰기를 시작합니다.
그러나 겸연쩍음에 끝내 편지를 부치지 못합니다. 부치지 못하는, 보내기를 뒤로 미룬 편지는 임시보관함에 독백으로 쌓여 갑니다. ✻

— 『문학나무』 2006년

발문 | 황충상 _ 소설가, 동리문학원장

문학꽃을 가슴에 단 여자

  수필가 시인, 그녀를 어떻게 그릴까. 회의하는 남자 속에 들어가서 지혜와 명철의 영감을 주는 전도사 같기도 하고 비구니 같기도 한 여자. 이 두 겹의 분위기는 시작이며 끝인 이야기가 있을 법 한데, 그녀는 묘한 이름 회남으로 답을 상징할 뿐이다. 그렇다면 나는 그 묘한 실체를 그려야 '이것이 그녀다' 할 것이다.

  오십 년 저쪽 강화도에 한 소녀가 있었다. 눈이 유난히 깊고 맑고 큰 소녀. 갯내 나는 섬스러운 기운만 숨 쉬는 가슴에 이름을 알 수 없는 노란 꽃을 꽂은 소녀. 반백 년 전 이상한 전설이나 진배없는 이야기를 내가 왜 여기에 옮기는가. 세상일은 말로 할 수 없을 때 글로 옮길 수 있다고 믿기 때문이다.

  작가의 숙명으로 나는, 그 소녀가 여고를 졸업하고 처녀의 몸으로 저수지 속으로 걸어 들어가는 뒷모습을 쫓는다. 버지니아 울프가 호주머니에 돌을 넣고 강 속으로 걸어 들어간 것을 이미 이심전심으로 알아버린 강화도 처녀를 신은 저수지에서 돌려세웠다. 그리고 가슴의 노란 꽃을 붉은 장미로 바꿔 달게 했다.

아, 신은 대책 없는 사람을 사랑하신다. 대책 있는 사람이 있기나 한가. 그래서 신은 한 치 앞을 모르는 사람 모두가 서로 사랑하게 하신다.

회남 그녀도 신앙의 마음으로 한 남자를 사랑하고 두 아들을 낳았다. 대책 없음을 대책 있음으로 바꿔 놓은 그녀의 삶은 아들이 장성하여 아들과 딸을 낳은 것으로 그녀의 가슴꽃, 장미의 상징을 결실한 것이다.

이제 그녀의 소녀적 가슴에 피어난 노란 꽃의 상징 의미를 말할 차례다. 나는 왜 그 노란 꽃의 이름을 모르는가. 아무 들꽃 이름을 붙여 부를 수도 있으련만. 여심의 꽃이기 때문에 명명할 수가 없다. 불가사의의 여심.

회남은 늦깎이로 수필가, 시인이 되었을 때 스스로 그 노란 꽃을 다시 가슴에 달았다. 그 상징의 꽃이 문학의 이름으로 피어난 것이다.

그렇다. 구회남具會男은 문학꽃을 가슴에 단 여자다.

문학나무 수필선 011

가면의 거울

1쇄 발행일 | 2015년 02월 03일

지은이 | 구회남
펴낸이 | 윤영수
펴낸곳 | 문학나무
편집주간 | 황충상

출판등록 | 제312-2011-000064호 1991. 1. 5.
편집실 | 110-809 서울시 종로구 동숭4나길 28-1 예일하우스 301호
이메일 | mhnmoo@hanmail.net
영업마케팅 | 120-800 서울 서대문구 남가좌동 5-5 지하1층
전화 | 02-302-1250, 팩스 | 02-302-1251
이메일 | mhnmu@naver.com
ⓒ 구회남, 2015

값 15,000원
잘못된 책은 바꾸어 드립니다.
지은이와의 협의로 인지는 생략합니다.
무단 전재 및 복제를 금합니다.

ISBN 979-11-5629-021-6 03810